誰でも こうすれば つながる
ガイドとの交信マニュアル

坂本政道 監修　藤由達藏 著

ハート出版

Hemi-Sync®

驚異のヘミシンク実践シリーズ2

はじめに
～本書の目的～

監修者の言葉

- -

　ロバート・モンローの開発したヘミシンクは、使いこなしていくと、さまざまなことが可能となっていきます。本書はヘミシンクの実践シリーズの第２弾として、特に自分のガイドと交信することを目的に書かれました。ガイドとは、自分を導いてくれる非物質の生命存在です。意識の発展の道を私たちよりも先を行く者たちと言っていいでしょう。だれにでも複数のガイドがいて、ずっと見守り、ときには直接に、ときには間接に導いてきてくれています。ただ、私たちはだれもそういうことには気がついていません。

　こういうガイドとつながり、ガイドのより直接的な導きを得ることができるようになれば、人生という学びの場をより建設的に、より意義深い形で生きていくことができるようになるのではないでしょうか。それはまたガイドの願いでもあるのです。

　本書は、市販されているいくつものヘミシンクCDを活用することで、ガイドといかにしてつながるのか、いかにして交信するのか、あるいはメッセージを受け取るのかについて、筆者自らの体験を交えながら懇切丁寧に説明されています。

　ガイドとの交信は、実はさまざまな形で起こります。すでに交信は行なわれているのに、自分でそれに気がついていないだけというのが一般的です。ですから、まずそれに気づくことが第一歩です。それには、ガイドからのメッセージがどういう形で来るのか、そのさまざまなバリエーションを知ることが重要です。本書はそこから入っていきます。

　ガイドとの交信は、なによりも練習が大切です。楽しみながら、続けていくことで道は必ず開かれます。本書を大いに活用してください。

坂本政道

著者の言葉

　ヘミシンクを聴き始めて1年くらいたった頃、ヘミシンクのセッション中にメッセージをもらったり、日常生活においてもさまざまな気づきがあったり、身の回りにありがたいこと、うれしいことが増えてきていました。仕事からの帰り道に、そんなことをしみじみ感じて、思わず口にしました。
「最近、ガイドさんに導かれているからなあ」
　するとどうでしょう。私の言葉が終わるか終わらないかのうちに、声が聞こえました。
「昔からですけど」
　ハッと、我に返りました。耳で聞こえた声ではありませんでしたが、はっきりとした言葉が頭の中に響いたのです。心にゆったりとその意味が浸透し、深く理解することになりました。そうです。ガイドからの導きは今に始まったことではないのです。ヘミシンクを聴いたからガイドが導いてくれたわけではありません。生まれたときから、いやそれ以前からガイドは私を導いてきてくれていたのです。今日、ここに生きているのもその導きがあったからこそではないか。そんなふうに理解が広がりました。そうしてようやく、心の中で返答をすることができました。
「もちろん、そうですよね」
　なにか、お互いに笑顔を交わし合ったような気分になりました。
　これは筆者の体験したガイドとの交信の一例です。モンロー研究所のプログラムを受講された方や、ヘミシンクを聴き込んでいる方は世界にたくさんいますので、ガイドとの交信の仕方はそれこそ十人十色、百人百様ですから、この事例もそのごく一部だとご理解ください。
　本書では、これからヘミシンクを聴こうと思っている方、または聴いてはいるけれども、もう少しガイドと交信するためのヒントが欲しい、と考えて

いる方を対象に、ガイドとの交信方法についてお話ししていきたいと思います。1つでも2つでも、ヒントをつかんで、ガイドとの交信やトータル・セルフへのアクセスなどを実践していってください。その結果、皆さんのヘミシンク・ライフが豊かになるようであれば、本書の目的は達せられたことになります。

　それでは、楽しんで読み進めてください。

Have fun!

藤由達藏

Contents

驚異のヘミシンク実践シリーズ2
ガイドとの交信マニュアル

はじめに ～本書の目的～

監修者の言葉　2
著者の言葉　3

Chapter 1　ヘミシンク基礎知識　12

ロバート・モンローとモンロー研究所　12
ヘミシンクとは　13
フォーカスレベル　13
　＊C1（フォーカス1）　14
　＊フォーカス10　14
　＊フォーカス12　15
　＊フォーカス15　15
　＊フォーカス21　21

　　　　　　　Episode　フォーカス21で祖母とコンタクト　16

その他のフォーカスレベル　18
私たちはあらゆるフォーカスレベルにいる　19
この章のまとめ：体験的に探索することができる　20

　　　　　　　Column：コップの水　20

Chapter 2　準備のプロセスとメンタルツール　22

①エネルギー変換箱（Energy Conversion Box、ECB）　22
②レゾナント・チューニング（Resonant Tuning）　23
③レゾナント・エネルギー・バルーン（Resonant Energy Balloon）　23

④アファメーション（Affirmation）　24
この章のまとめ：準備のプロセス　25
　　　　　　　　Column：類は友を呼ぶ。エネルギーはエネルギーを呼ぶ　25

Chapter 3　ガイドとは　28

わからないから探索する　28
伝統的な観念はひとまず脇に置く　29
「守護霊」という先入観を取り払う　30
　　　　　　　　Episode　何もしないガイド？　31
しかし、それは個々人の探求次第　32
モンロー研究所では特定の宗教や信条・ドグマを押しつけない　32
ニュートラルに探求できるのがヘミシンクの特徴　33
数十年の経験から基本となる有効な方法が編み出されている　33
基本を理解した上で、もっと自由に探索してみる　33
ガイドと自分　34
ガイドは何人いる？　35
I/There とトータル・セルフ　35
巨大な自己、または大いなる自己　37
自分の他の側面　38
　　　　　　　　Episode　高速で変化するモンタージュ写真のような顔　38
ガイドの姿　38
ガイドのはたらき　39
　　　　　　　　Episode　ガイドが絶妙なスケジュール調整をしてくれた　39
この章のまとめ：ガイドに感謝して、その先へ一歩進む　41
　　　　　　　　Column：THくん　32

Chapter 4　ガイドからのメッセージのかたち　43

①絵や写真・映像　43
②文字　43

③非言語記号　43
④声・音声　44
⑤音楽・メロディ　44
⑥声なき声　44
⑦におい　45
⑧味　45
⑨体の感覚　45
⑩感情　46
⑪シンボル　46
⑫概念　46
⑬冗談　46
⑭非物質のエネルギー　47
　この章のまとめ：さまざまな形式　47
　　　　　　　　　Column：「わかる」と「ROTE」　47

Chapter 5　交信のコツ　50

①リラックスする　50
②想像力を呼び水にする　51
③自問自答から始める　52
④ Desire, Clarity, Intensity　53
⑤自信を持つ　53
⑥「過信・妄信・卑下」しない　55
⑦体験の解釈・判断は後でする　56
⑧感謝する（Gratitude）既に受け取っていると感謝する　57
⑨メンタルツールを使う　58
　A）EBT をシンボルにして投げる　58
　B）ブーメランにして投げる　58
　C）釣り竿で答えを引っかける　59
　D）霧がかかっていたら EBT で切り払う　59
　E）通信機器で交信する　59

⑩自己を明け渡すわけではない　59
⑪焦らない　60
⑫記録する　61
いつ記録を取るべきか　61
セッション中の記録の取り方　62
　A）腹の上にノートを置いて書く　62
　B）指をずらしながら書く（コツが要る）　62
　C）脇にノートを置く　62
　D）座って聴く、机で書く　63
　E）セッションの後半の時間にパソコンで入力する（マスの方法）　63
　F）余白をたっぷりとって記録する。余白にはカラーペンで清書する　64
　G）セッション後に記録する　65
　ノートの失敗：例文字が重なって読めない　65
この章のまとめ：体験を重ねながら試していきましょう　66
　　　　　　　Column：ヘミシンク体験の6フェイズと芸術表現　66

Chapter 6　ヘミシンクでガイドと交信　69

ヘミシンクのステップ　69
ヘミシンクＣＤの種類　70
（１）ゲートウェイ・エクスペリエンス　71
　F12　5つのメッセージ　73
　　　　　＊ゲートウェイ・エクスペリエンス　Wave Ⅳ＃2「5つのメッセージ」
　F12　5つの問い　74
　　　　　＊ゲートウェイ・エクスペリエンス　Wave Ⅲ＃4「5つの問い」
　　　　　Episode　まんじゅうを差し出す丸顔の少年　74
　F12　問題解決　76
　　　　　＊ゲートウェイ・エクスペリエンス　Wave Ⅱ＃2「問題解決」
　　　　　Episode　閉め出された。さあ大変！！　78
　F12　ガイドとの非言語交信　79
　　　　　＊ゲートウェイ・エクスペリエンス　Wave Ⅳ＃4「非言語交信Ⅰ」
　　　　　＊ゲートウェイ・エクスペリエンス　Wave Ⅳ＃5「非言語交信Ⅱ」
　　　　　＊ゲートウェイ・エクスペリエンス　Wave Ⅳ＃6「交信ポイント12」

F12　直感の発見・直感の探求　82
　　　　　　　＊ゲートウェイ・エクスペリエンス Wave V ＃2「直感の発見」
　　　　　　　＊ゲートウェイ・エクスペリエンス　Wave V ＃3「直感の探求」
F15　創造と具現化　84
　　　　　　　＊ゲートウェイ・エクスペリエンス　Wave V ＃5「創造と具現化」
　　　＊ゲートウェイ・エクスペリエンス　Wave II ＃3「向こう1ヶ月間のパターン化」
　　　　＊ゲートウェイ・エクスペリエンス　Wave IV ＃1「向こう1年間のパターン化」
F12　非物質の友人　85
　　　　　　　＊ゲートウェイ・エクスペリエンス　Wave VI ＃4「非物質の友人」
F12　フリーフロー　86
　　　　　　＊ゲートウェイ・エクスペリエンス　Wave IV ＃3「フリーフロー 12」
　　　　　＊ゲートウェイ・エクスペリエンス　Wave V ＃1「フォーカス12上級」
　　Episode　質問に答えてくれる。未来の情報をくれることもある　86
F21　ブリッジカフェ　87
　　　　　　　＊ゲートウェイ・エクスペリエンス　Wave VI ＃6「フリーフローの旅」
（2）アルバムシリーズ　88
　＊ゴーイング・ホーム（患者用）　88
　＊体外への旅（サポート用 Hemi-Sync シリーズ）　88
　＊Hemi-Sync による創造性開発（クリエイティブ・ウェイ）　89
（3）シングルタイトル　89
　＊ザ・ビジット（マインドフード）　90
　＊ザ・モーメント・オブ・レバレーション（マインドフード）　90
　＊ヘミシンク・メディテーション（マインドフード）　91
　＊コンセントレーション（マインドフード）　91
　＊エンジェル・パラダイス（メタミュージック）　91
　＊インナージャーニー（メタミュージック）　92
（4）その他の方法　92
　＊体験セミナーに参加する　92
この章のまとめ：慌てず焦らず　93

　　　　　　　　　　　　　　　　　　　　　　　Column：意味の多重性　94

Chapter 7　ガイドと歩むヘミシンク・ライフ　95

生活の中にヘミシンクを取り入れる　95
日常生活で応用してみる　96

メタミュージックを聴きながら勉強や仕事をする　97
シンクロニシティに対する気付きと記録　97
グラウンディングはとても大事　99
この章のまとめ：ヘミシンク体験をＣ１に活かす　100
　　　　　　　　　　　　　Column：F12で速読　100

Chapter 8　ヘミシンク体験を記録する　102

記録をつける３つのメリット　102
　1. 体験の蓄積ができる　102
　2. 変化や成長を知ることができる　102
　3. 非物質世界での体験を日常生活（Ｃ１ライフ）に統合できる　102
記録を取るノートについて　103
夢も記録する　104
　　　　　　Episode　夢の中でガイドが教えてくれたメッセージ　105
記録がたまったらＣ１で考えてみる　106
記録をもとにヘミシンクを聴きながらガイドに聞いてみる　106
この章のまとめ：体験の記録は財産です　107
　　　　　　　　Column：monojs（筆者のノートの名称）　107

Chapter 9　トータル・セルフ＝わたし自身　110

最終的には自分が判断する　110
何ものかに自己を明け渡さない　110
世界を味わい学ぶ　111
ガイドからのメッセージは日常生活にある　112
あらゆる本はメッセージたり得る　112
自分の直感を信じる　112
セルフチェック　113
すべてはあなた次第。やりたいようにやれ　113
自己の可能性の探究です　114

一人一人違って当たり前　115
ヘミシンク体験にゴールなし　116
人生とヘミシンク体験とは表裏の関係　116
Trust yourself！　117

Chapter 1　ヘミシンク基礎知識

　ガイドとの交信をするために、本書ではヘミシンクを使った方法についてご説明します。その前に、ヘミシンクについて理解しておきたいことを簡単にご説明します。
　ヘミシンクの開発者であるロバート・モンロー氏、ヘミシンクの基本原理、そしてフォーカスレベルについての説明です。

ロバート・モンローとモンロー研究所
　ヘミシンクを語るに際して欠かせないのは、その開発者であるロバート・アラン・モンロー氏（Robert Allan Monroe、1915～1995）です。
　ロバート・モンロー氏は、1957年、42歳のときに体外離脱を体験しました。その後その体験を本にまとめ『体外への旅』（原題「Journeys Out of the Body」邦訳はハート出版刊）を出版しました。この本はベストセラーになり、体外離脱という現象を体験していた人や、興味のある人がモンロー氏の研究に協力したいと集まってきました。そこで、モンロー氏は自分に起きた体外離脱体験を他の人にも追体験させる方法を模索することになります。体外離脱状態が自分に起きた原因は、当時聴いていた自作の催眠学習用音声テープにあるだろうと見当をつけ、音響技術による体外離脱の再現を研究していきました。自分を被験者とするだけでなく、ボランティアを募って実験を重ねていきました。音響と意識状態との関係を探っていったのです。
　このようにしてモンロー氏を中心とした実験や研究がはじまり、やがて1970年代には教育・研究機関としてのモンロー研究所（The Monroe Institute）が設立され、現在に至っています。
　モンロー氏は、『体外への旅』に続いて、『魂の体外旅行』（原題「Far Journeys」、邦訳は日本教文社刊）『究極の旅』（原題「Ultimate Journey」、邦訳は日本教文社刊）を出版し、1995年3月17日に79歳の生涯を終えました。

ヘミシンクとは

　音響と意識状態に関する研究成果が、ヘミシンク（Hemi-Sync）でした。ヘミシンクという言葉は、「（脳）半球の同調」を意味する「Hemispheric Synchronization（ヘミスフェリック・シンクロナイゼーション）」を短縮した造語でありモンロー研究所の登録商標です。これは、モンロー研究所が開発した、脳半球の活動を同調させ、さまざまな意識の探求を可能にする音響技術のことです。後に紹介するように、現在では、各種のＣＤが市販されており、誰でも実際に試してみることができます。

　左右の脳半球（両脳）の同調が起きる原理については、『驚異のヘミシンク実践シリーズ１　ヘミシンク入門』（ハート出版、以下『ヘミシンク入門』）P.11～12をご覧ください。

　ステレオヘッドフォンを使って左右の耳それぞれに周波数の若干違う音を聞かせると、脳幹においてそれぞれの音（信号）が合成され左右の音の差に相当する新たな信号が発生するという原理を応用したものです。脳幹で発生した信号は、左右の脳に同時に伝えられ、脳の活動が同調し始めます。

　もともとはロバート・モンロー氏の体外離脱体験を再現することを目的に研究されましたが、次第に単に体外離脱にとどまらない体験が報告されるようになりました。それはモンロー氏の想定を越えるような体験、たとえば過去世体験、死後世界体験、宇宙内探索、または亡くなった人やガイドと呼ばれる知的存在との交信、はたまた異星人とのコンタクトなどの体験などです。その結果、ヘミシンクとは人間意識を探求するためのツールであると位置づけられ、現在では全世界の人に使用されています。

フォーカスレベル

　モンロー研究所では、「フォーカスレベル」という言葉で、各種の意識状態に名前をつけています。フォーカスレベルとは、「フォーカス」つまり「焦点をどこに当てている状態か」という意味が込められた用語です。

　ここでは、基礎的なフォーカスレベルについて触れておきます。ここで触れないフォーカスレベルの詳しい説明は『ヘミシンク入門』（ハート出版）P.28～33や、モンロー研究所の各種プログラムとともに説明されている『死後

体験』シリーズ（坂本政道著、ハート出版刊）などをご参照願います。

＊Ｃ１（フォーカス１）

　ヘミシンクでは、普段の私たちの意識状態とは異なる状態(変性意識状態)を体験することができますが、日常生活における私たちの意識状態も一つの意識状態です。食事をし、出勤し、仕事をし、学校に行き、散歩に行き、人と会話をし、テレビを見たり、音楽を聴いたりしています。この日常においては、目にするもの、耳に聞こえるもの、触れるものなど、あらゆるものを肉体の五感によって把握しています。

　この状態が意識の一番の基底にあるものとして、「１」という番号を割り当てて、「Ｃ１（シーワン、Consciousness 1、コンシャスネス・ワン）」と呼んでいます。場合によってはフォーカス１と呼ぶこともあります。

＊フォーカス10（Focus10,F10）

　意識の状態には無限のバリエーションがあり得ますが、Ｃ１から大きく区別され、変性意識の探求上意味のある意識状態のはじめが、フォーカス10です。これは、「意識は目覚め、肉体は眠った状態（Mind awake, Body asleep）」と表現される意識状態です。モンロー研究所では、「私」は「肉体・物質を越えた存在」であるという仮説に基づいて体験を重ねていきます。この肉体が「私」なのではなく、「意識」こそ「私」だとしたうえで、「意識」が肉体的束縛から自由になり始める第一歩がこのフォーカス10という状態です。

　ヘミシンクとは関係ない場面でも、たとえば、人前で話すとか、スポーツの試合に出るとか、絵を描く、人前で歌う、演奏するなど、何らかの分野でよりよいパフォーマンスを発揮するために、「リラックスして取り組むとうまくいく」とか、「はじめに深呼吸してリラックスする」などというときに、この状態を目指している場合があります。瞑想とかメディテーションの本を見ても、導入部分では、「目を閉じてリラックスします」とか「肩の力を抜いてゆったりとした気持ちになります」「深呼吸してリラックスします」などと書いてあることがあります。それぞれの伝統にはそれぞれの知恵がある

はずですが、どこでも最初に「意識は目覚め、からだは眠る（リラックスする）」状態にする、というのは世界各地の多くの技法に共通しているようです。

＊フォーカス12
　フォーカス10の先には、もっと意識が自由になった状態、フォーカス12があります。意識が肉体的束縛から自由になるので、空間的にも今いる場所に限定されなくなります。そこで、遠くの景色が見えたり、音が聞こえたり、離れた人の行動が察知できたり、考えが理解できたりすることもあります。肉体の所在地にかかわらず、遠くのものが知覚できる意識状態です。
　この意識状態では、ガイドからのメッセージを受け取りやすくなります。このフォーカス12を学んだだけでも、後述するようにガイドとの交信をすることができます。

＊フォーカス15
　フォーカス15という状態は、ロバート・モンロー氏が「無時間の状態」と名付けています。時間が止まったかのような感じがしたり、まったく動かない「無」とか「空（くう）」だと捉えたりする方もいます。真っ暗だとか逆に真っ白だと捉える方もいます。この意識状態においては、意識が時間の束縛を離れ、過去や未来、過去世や未来世の情報にアクセスすることができます。
　過去や未来など時間的束縛から自由になる状態であるため、時間を超えた自分の総体（トータル・セルフとも言います。詳しくはP.35参照のこと）とのアクセスがしやすい意識状態であるとも言われています。トータル・セルフの受け止め方は、過去・現在・未来のすべての自分が蓄えた記憶の貯蔵庫、図書館のように把握することもできます。あるいは、野球場やコンサートホールなどの巨大な観客席にたくさんの人が座っているイメージを持つこともあります。
　過去世の自分や未来世の自分がガイドとして現れることもあります。フォーカス15では、彼らの人生を垣間見ることもできる意識状態です。

また、創造と具現化のしやすい意識状態とも言われ、このフォーカス15の意識状態で、未来の設定を行なったり、取り消したりすることができると言われています。「ガイド」とともに、あるいは、この自分も含む「総体としての自分＝トータル・セルフ」が一丸となって行なうからこそ思い（願いや希望）が現実化されるのだとすればわかりやすいでしょう。

＊フォーカス21（Focus21,F21）

　Ｃ１からフォーカス21までは、この物質世界（この世、Here）における意識状態であり、フォーカス21以降は、いわゆる死後の世界（あの世、There）で体験される意識状態であると言われています。そこで、フォーカス21は、ブリッジステート（Bridge state）、この世とあの世の架け橋の意識状態と呼ばれています。

　このフォーカスレベルに移行すると、既に亡くなっていて、なおかつこちらにアクセスできる方と会うことができます。筆者が参加したゲートウェイ・ヴォエッジでも最後のほうでF21に移行して、亡くなった人との再会を果たす方がいました。筆者自身も、亡くなった祖母に会うことができました。以下の事例はそのときのエピソードです。

Episode　フォーカス21で祖母とコンタクト

　2006年11月にモンロー研究所のゲートウェイ・ヴォエッジに参加したのですが、その３年ほど前に祖母が亡くなっていました。F21のセッション、そして、ゲートウェイ・ヴォエッジへの参加の目的としては、生前の最後はもうぐれてしまった（「もうぐれた」は、新潟の言葉で「ぼけてしまった」という意味だそうです）祖母とコンタクトして、今はどうしているかを確かめてみたい、と思っていました。

　何度かF21のセッションがあり、ログハウスの中に人が見えたり、不動明王が持ちそうな剣などが見えたりして、だんだんとF21の状態に慣れていきました。最終日の朝のフリーフローF21では、ログハウスを作り、そこに祖母を呼び出そうとしました。すると、フードを被ったダースベーダーのような人が立ち上がる風景が見え、その後、ホワイトソーススパゲッティ

が見えて、ホワイトソースを皿の１カ所に集めるという動作をしていました。その後、光のスパゲッティの流れが見えました。それで終了。祖母とコンタクトできた感覚はありませんでした。

　次に、最後の最後のセッション、スーパーフローF21で、もう一度祖母とのコンタクトを試みました。F12に行く前からフードを被った人が出てきました。F21に移行すると、建物と建物の間に、洗濯機のような体をした人が通りかかります。そして「We know you do」と言っています。正しい英語かどうかは別として、筆者には、おまえのやることをわれわれが知っている、という意味だと理解されました。

　その後、ゲートウェイの１ヶ月前、夢の中で祖母が、米櫃の中から砂利のようなゴミをより分けてくれている姿を見たことがあり、そのことに感謝の気持ちを送りました。「祖母は亡くなってなお、もうぐれているだろうか？」と思い、エネルギー・バー・ツールとして不動明王の利剣を思い浮かべました。

　すると、場面は、青空の下に枯れ木が１本ある丘の上で、目の前にはちょうど古代ギリシャ女性のように白い布を体に巻いた祖母がいました。祖母に利剣を渡すと、天高く掲げて青空に舞い上がっていきました。そのポーズは、モンロー研究所のマークを逆から見たようなイメージでした。

　直後に、風景は、西洋のキリスト教の大聖堂の内部に変わりました。絢爛豪華な聖堂内の壁面には大理石の彫像が飾られていました。彫像は聖人像のようでした。キリスト教の教会という印象なのですが、彫像はギリシャの女神のようです。はじめは、フードを被っていました。祖母のような気がしてきたので、顔にズームインしていきました。すると、まさに白いギリシャの女神のような格好をして、長い槍のような錫杖のようなものを右手に持った彫像に変わりました。顔はよく見えないのですが、それが祖母であるという実感を得ることができました。どうも、あの世の祖母は、すでにもうぐれてはおらず、女神のようにしゃんとしている、ということのようでした。筆者はコンタクトができ、感動していました。

　セッション後、ミーティングをするホワイトカーペットルームに集まると、参加者のスーさんが駆け寄ってきて、涙をうかべながら筆者をがっしり

17

とハグしてくれました。筆者は直感的に、祖母が「会えたね。うれしいよ」という意味でハグをしてくれたのだ、と理解しました。スーさんはスーさんで、今のセッションで、筆者を含め、他の参加者とつながっている、という深い実感を得ていたようなのですが、スーさんと筆者の祖母が共通のトータル・セルフの一員だったのではないかとも感じました。

祖母の死とともに、徐々に精神世界のほうへ導かれていたようで、祖母のトータル・セルフが筆者のガイドとなって導いてくれていたようです。

その2ヶ月後、祖母が夢に現れました。そのときには、生前のしかも50歳代くらいの姿で、しゃきっとしていました。筆者は肩をもんであげました。そして何か会話をしました。その内容は忘れてしまって、記録されていません。

その他のフォーカスレベル

その他のフォーカスレベルについては一覧にまとめましたのでそちらをご覧ください。

フォーカスレベルの番号が大きくなるにつれて、物質世界から意識が離れていき、変性意識状態における体験を進めていくことができます。

Focus 49+	この宇宙を超えた意識の広がり、つながり帰還のための大きなエネルギーの流れ
Focus 49	銀河系を超えた銀河系近傍の意識の広がり、つながり　I/There Super Cluster
Focus 42	太陽系を超えた銀河系内の意識の広がり、つながり　I/There Cluster
Focus 34/35	地球生命系内の時間を超えた意識の広がり、つながり　I/There
Focus 27	輪廻の中継点（転生準備のための様々な場）The Way Station
Focus 24-26	信念体系領域（共通の信念や価値観）Belief System Territories
Focus 23	囚われの世界（執着状態／孤独状態）New Arrivals
Focus 22	昏睡状態、ドラッグ、アルコール、白昼夢… Living Dreams
Focus 21	この世（Here）とあの世（There）の架け橋の領域　The Bridge State
Focus 15	無時間の状態（単に存在する状態）The State of No Time
Focus 12	知覚・意識の拡大した状態　Expanded Awareness
Focus 10	肉体は眠り、意識は目覚めている状態　Mind Awake / Body Asleep
Focus 1	意識が物質世界にしっかりある状態　C1（Consciousness 1）

私たちはあらゆるフォーカスレベルにいる

　モンロー研究所では、あらゆるフォーカスレベルに自分が同時に存在していると説明されます。

　フォーカスレベルとは意識状態のことですから、あらゆる意識状態に身をおけるし、実は、誰もがＣ１以外のフォーカスレベルでも存在し、活動しているのです。ただし、Ｃ１以外の多くのフォーカスレベルは、私たちが焦点を合わせる方法、チューニングの方法を知らないが故に、これまでほとんど気づかれることがなかったのです。

　フォーカスレベルとして番号付けられた特定の意識状態に"焦点を当てる"（＝フォーカスする）ことによって、変性意識状態を体験できるのがヘミシンクです。ヘミシンクの音とナレーションによる誘導で、容易に焦点を移し替えていくことができます。ラジオの電波にチューニングを合わせるようなものです。あるフォーカスレベルにチューニングを合わせると、そこでしか得られない情報を得ることができるのです。

　自然状態において、Ｃ１以外のフォーカスレベルに焦点が合ってしまうこともあり得ますが、その状態を安定的に維持することは困難です。瞑想法や修行法、マインドのトレーニング等では、安定的に焦点を合わせるために、また別に独自のテクニックを教えてくれるかもしれません。しかし、モンロー研究所では、ヘミシンクという音響技術を使って、特定の変性意識状態を安定的に維持する方法を伝えています。そのため、誰もが同じフォーカスレベル（意識状態）における体験の比較や共有を容易に行なえるのです。

　ヘミシンクを聴いていけば、ヘミシンクによってある意識状態から他の意識状態に移行することは簡単に行なえます。複数の意識状態を行き来することも当たり前になっていきます。

　やがては、複数のラジオを同時に鳴らせば、複数の放送局の音声を聞くことができるように、同時に複数のフォーカスレベルを体験することができるようになります。Ｃ１の自分のみが自分であると考えていた状態から、複数のフォーカスレベルで体験できる自分というものをたくさん発見していくことになります。たくさん発見する自分のうちのいくつかが、ガイドやヘル

パー、ハイアー・セルフとして知覚されるようです。

この章のまとめ：体験的に探索することができる

　変性意識状態の探索を自転車走行にたとえるとすると、ヘミシンクは補助輪です。自転車に乗ってバランスをとることができないうちは、補助輪を付ければ倒れずにすみます。

　しかし、自転車も乗れてしまえば、補助輪が不要になります。これと同様、ヘミシンクのトレーニングも、最終的には、自分で好きなフォーカスレベルに意識状態を合わせて、自ら探求できるようになることを目的としています。ヘミシンクという補助輪をつけて十分に経験を積めば、変性意識の旅という自転車を乗りこなせるようになります。

　ヘミシンクCDの音声の中にはサブリミナル効果のあるものは一切入っていません。聴いている最中に自分の意思で中断することもできますので、安心して取り組むことができます。安全なヘミシンクをつかって、自ら体験していくことができるというのが最大の魅力です。コツをつかむために何度もCDを聴く、ということは必要ですが、はじめからヘミシンクなしで意識状態をコントロールするよりも易しく、しかも何十年もの修行を必要としない、というのも魅力の一つです。

　次章では、セッションに取り組むにあたって最初に行なう「準備のプロセス」とメンタルツールを学びます。

Column：コップの水

　フォーカス15では、よく過去世の探索をします。筆者の場合、いつも断片的な映像のみでまだまだ明確なストーリーは見いだせていません。江戸時代の長屋のようなところで火事があった映像だったり、高速道路の下のようなところで、私が土に埋められていて、地上にいる男がスコップでかけた土が顔に当たるのを皮膚で感じたり、ということもありました。それでもまだまだです。

　そのかわり、フォーカス15に行くと、頻繁に出てくるのが、水の入ったガラスコップです。出てくる度に、「また、コップの水だ」とつぶやいてし

まいます。その意味はまだわかりません。ひょっとしたら、過去世の体験にまつわるのかも知れませんし、ガイドの姿なのかも知れません。

　別のフォーカスレベルで出てきたこともありました。そのときには、コップに半分水が入れられていて、「まだ半分も残っている」と見るか、「もう半分もなくなっている」と見るかはその人次第、という物事の二面性について示唆されました。

　それでも、そのことと過去世とのつながりはわかっておりません。謎をかけられている状態です。モンロー研究所では、過去世の探索は、ばらばらにされたジグソーパズルのピースを集めるようなものだと言われています。ヘミシンクの一回のエクササイズで得られる情報が、全体のごく一部にすぎず、いくつかを集めてみると次第にその全体像が見えてくるということを言っているのです。従って、筆者の場合は、パズルのピースがまだ不足しているようです。今後も、謎解きを楽しみながら、ゆっくりと探索していきたいと思っています。

Chapter 2　準備のプロセスとメンタルツール

　ヘミシンクを聴くというのは、ただ横になってヘッドフォンで聞くことか、というとそうではありません。ＣＤを聴きながら能動的に想像していくことが大事です。

　特に、ＣＤを聴いて意識の探索を始める「準備のプロセス」においては想像力の活用が重要です。想像力は、内面の知覚（非物質世界を認識する能力）のスイッチをONにすると言われています。

　また、非物質の世界では、「想像＝創造」、想像すると創造することになる、と言われています。

　準備のプロセスでは、次の４つのメンタルツール（想像上の道具）を使います。

　１．エネルギー変換箱
　２．レゾナント・チューニング
　３．レゾナント・エネルギー・バルーン
　４．アファメーション

　以下、順番に復習していきましょう。初めての方は『ヘミシンク入門』（ハート出版）もご参照ください。

① エネルギー変換箱（Energy Conversion Box、ECB）

　エネルギー変換箱は、その中に、これから行なうセッションを妨げるような想念や感情、記憶などを一時的に入れるための想像上の箱のことです。想像において、箱をイメージし、想念をその中に入れてしまっておく、というイメージ操作をします。これによって、雑念がわき起こってセッションに集中できないという事態をあらかじめ防止できるのです。ヘミシンク・セッションのときだけでなく、仕事や勉強など、集中が必要なときにやってみても効果的です。

　イメージが視覚的によく捉えられなくても、そこに箱を用意したと意図しさえすれば結構です。

また、箱の中に、人を入れてはいけません。実際に人を入れてしまったために、その本人が非物質の世界で暗闇の中に閉じ込められたというエピソードが伝わっているほどです。この事例は『魂の体外旅行』(ロバート・モンロー著、日本教文社刊) P.50 に載っていますので、ご参照願います。

② レゾナント・チューニング (Resonant Tuning)

レゾナント・チューニング（直訳は「共鳴の調律」）は、声と呼吸を使ったエクササイズです。深呼吸をして、息を吐くときに声帯を震わせて声を出します。呼吸をしながら、非物質のエネルギーを体内に取り込み、チャージアップされるイメージを描きます。セッションに先立ってエネルギーを充填するのです。また、声を出して体の振動を感じながら、モンロー氏が「第２の体（Second Body）」と呼び、「エネルギー体」とも言われる「肉体ではない体」を振動させ、非物質界における活動をしやすくします。

「レゾナント・チューニング」という言葉には、非物質世界の探索に適するように自分の共鳴状態をチューニングしていく、という意味も込められています。

③ レゾナント・エネルギー・バルーン (Resonant Energy Balloon)

レゾナント・エネルギー・バルーン（意味は「共鳴エネルギーの風船」といったところ）は略してリーボール（REBALL）とも言いますが、レゾナント・チューニングで蓄えたエネルギーを体の周りに繭または風船や気球のように張り巡らした球状のエネルギーで、想像力を駆使してつくります。

非物質界での活動において、身を守ったり、自分に好ましいエネルギーを引き寄せたり、あるいは充溢するエネルギーを他に分け与えたりすることのできるエネルギーのボールです。そのボールの中に自分が浮かんでいるようにイメージします。このエネルギーのボールに包まれて、非物質界への探索の旅に出かけていくわけです。小型宇宙船のようにイメージする方もいますし、シャボン玉が体の周りを覆っているようにイメージする方もいて、その形状はさまざまです。特に視覚的には感じられないが、どうもそこにあるという感覚だけの方もいます。見えなくても、そこにあると意図すればそれで

結構です。

④ アファメーション（Affirmation）

アファメーションは、自分と非物質界の知的存在に対して宣言をすることです。ゲートウェイ・ヴォエッジでは、ゲートウェイ・アファメーションという宣言文を唱えることを教えられます。

ゲートウェイ・アファメーション

私は肉体を超える存在です。私は物質（肉体）を超える存在ですので、物質界を超えるものを知覚することができます。それゆえ、私と私に続く人たちにとって有益でプラスになるような、物質界を超えるエネルギーとエネルギー系を広げ、経験し、知り、理解し、制御し、使うことを心より望みます。さらに、その知性と発展段階および経験が、私と同格か、あるいは同格以上の知的生命体の手助けと協力、助力ならびに理解を心より望みます。私は彼らの導きを求め、先に述べた願いに満たないものを私に与えてしまう、あらゆる影響や原因からの守護をお願いします。

この文の最後に、感謝の気持ちや言葉を付け加えてください。感謝は、恵みを受け止める受け皿の役割をすると言われています。

長い文章ですが、その要点は次の5箇条です。

1）私は肉体を超える存在です。
2）物質界を超える非物質世界とそのエネルギーを体験し、知ることを心から願います。
3）奉仕します（役立ちたい）。／貢献します（尽くします）。
4）知的存在たちの手助けと導き、守護をお願いします。
5）感謝：ありがとう。

大切なのは、一言一句違わぬ言葉遣いではなく、この宣言文に込められた意味と気持ちです。従って、上記の文章通りでなくても、ご自分の覚えやすい言葉遣いに直して唱えても構いません。

この章のまとめ：準備のプロセス

ヘミシンクを聴く際には、想像力を駆使して準備のプロセスを行なうということを確認しました。

準備のプロセスでは、4つのメンタルツールを使います。

4つのメンタルツールとは、
1) エネルギー変換箱
2) レゾナント・チューニング
3) レゾナント・エネルギー・バルーン（リーボール）
4) アファメーション

です。

メンタルツールと準備のプロセスについての説明は以上です。

Column：類は友を呼ぶ。エネルギーはエネルギーを呼ぶ

リーボールもアファメーションも、自分を通じてエネルギーを拡大発散していることが共通しています。Chapter5でも説明しますが、ガイドとの交信では、「Desire, Clarity, Intensity」（強く願う、はっきり、意図を持つ）ということを注意するといいと言われていて、はっきりと打ち出すことが大事です。何を打ち出すかと言えば、自分です。ただし、いわゆるここにいる小さな自分ではなく、トータル・セルフとつながった大いなる自分です。

リーボールは、「類は友を呼ぶ」を感覚的なエネルギーとして表現しているように思います。宇宙のエネルギーと大地のエネルギーを取り込んで、それを体の外側に風船のように大きく膨らませますが、これによって、自分に好ましいエネルギーを引き寄せ、好ましくないエネルギーを遠ざけるのだと言います。つまり、自分の、大いなる自己のエネルギーをはっきり大きく拡大すると、「類は友を呼ぶ」という法則に従って、自分にふさわしいエネルギーをより一層呼び寄せることになり、自分と相容れないエネルギーは遠ざけることになっているのだと考えられます。

アファメーションでは、「自分は肉体を超えた存在であり、小さな自分を拡大して、大いなる自分を体験したい」と大宇宙と自分に対して宣言します。

概念のエネルギー、認識というエネルギーを放射・解放します。ここで放射・解放されるコンセプト、概念、認識にふさわしくないものを呼び寄せず、遠ざけるということをしています。これは概念の「類は友を呼ぶ」の実践です。

　ガイドについても同じように考えてはいかがでしょうか。ガイドと会話を始めるに当たって、大いなる自己を意識して、自分を出してください。自分の問題を投げかけてください。自分らしく振る舞ってください。そうすれば自分にふさわしいガイドが現れ、自分にふさわしいガイドからのメッセージが得られるでしょう。

　非物質の知的存在は、「呼べば応える。呼ばなければ応えない」という性質があると言われています。まさにそのとおりですね。私たちが求めない限り、なんの答えも返ってきません。「類は友を呼ぶ」のですから、自分を発揮してください。

　実は、日常生活もそうではないかと思います。筆者は昔営業マンとして得意先を回っていました。その頃はまだ若く、初めての人と仲良くなるのに時間がかかっていました。社交的な会話が苦手だと感じていたのです。そして、仕事とプライベートは分けるものだと思っていたので、あまり個人的なことを話すことが少なくなっていました。

　当時、筆者は音楽のブルースが大好きで、エルモア・ジェイムズとかハウリング・ウルフ、マディ・ウォーターズなどを好んで聴いていました。当時住んでいた市内で、ブルース・フェスティバルが開かれるということを知り、楽しみにしていました。そんなとき、ふとしたきっかけで、得意先の営業マンにそのことを話しました。すると、その人もブルースが好きで、有名なブルース・バンドのUさんと一緒に食事をしたことがある、などという話が出てきました。それがきっかけでその人とはすぐに仲良くなることができました。

　ブルースなんてマイナーなジャンルを、得意先の人が好きなはずがない、自分の偏った趣味を仕事に出すべきではない。そんなふうに当時は考えていたのですが、そのことがきっかけとなって、徐々に、仕事の上で自分を出せるようになっていきました。そうすると、他人からは、わかりやすくなり、コミュニケーションも取りやすくなっていったようです。

個人的なことをどれだけ出すか。他人との距離をどのようにはかるか。そういうことを身につけるのは社会人としての基礎だと思います。そこで躓いていた時期があったのでした。
　この原稿を書いているときに、たまたま受講したマネジメントに関するセミナーでは、「個人的感情の問題を表面に出してはいけないというのは18世紀的な観念であり、21世紀を生きる私たちは、個人的感情も外に出していき、人と人との絆を築いていくべきだ」という話を聴きました。
　ビジネスの世界では、世界的に有名な生活用品メーカーのジョンソン・アンド・ジョンソン社は古くからクレド（信条）を作って社員に徹底していたと言いますし、リッツカールトン・ホテルのクレドも、最高級のホスピタリティを発揮する礎としてとても有名です。企業のクレドが語り継がれて、常に唱和されているのは、ヘミシンクのアファメーションと同じ効果があるかもしれません。
　日常世界でさえそうなのですから、非物質の世界でシャイになって恥ずかしがっている場合ではありません。ガイドは必ず応えてくれますから、自分の意図をハッキリ打ち出していきましょう。「ハッキリ出さないと応えてくれない」ということを覚えておきましょう。

Chapter 3　ガイドとは

　それでは、本書のタイトルにもある「ガイド」に話を移していきましょう。ガイドってそもそも何のことでしょうか。人格のように語られることもあります。本屋さんに入って、「京都の旅行ガイド」というタイトルの本があったら、「これはガイドブックだな」とわかります。この場合は、旅行を有意義なものにするよう「助けてくれる知識や情報」がここにある、と発信しているわけです。
「バスガイドさん」というと人物の像が浮かびます。バスガイドさんも知識や情報を蓄えていて、私たちを案内してくれるわけです。知識や情報そのものという意味合いと、それらを蓄えた人格という意味合いがあります。だから、モンロー研究所のレジデンシャル・ファシリテーターのフランシーン・キングさんなどは「Guidance（ガイダンス）」という言い方をします。ガイドとは何なのか、一緒に考えていきましょう。それは、ご自身で探求するための準備になるでしょう。

わからないから探索する
　ガイドとは何かが定義されないとしても、なんらかのイメージがあるかもしれません。自分のガイドとは何なのか知りたい方は、ヘミシンクを聴いて体験してみることをおすすめします。本書はそのための本でしたね。あくまでもご自身で探求するものである、ということをここで再確認しておきましょう。
「他人に言われたからそうなんだ」とか「ある能力者から、私にはこういう守護霊がついていると言われたからそれを信じている」とか外部からの情報で自分を納得させることもできます。
　それも結構です。ただしモンロー研究所は、「そこから一歩すすんで、ヘミシンクという便利なツールがあるから、自分で探してごらん」というスタンスをとっています。筆者を含むアクアヴィジョン・アカデミーの公認トレーナーも同じです。

現段階では、「自分のガイド、と言われても何にもイメージが浮かばない」「ガイドに出会ったことなど一度もない」と心配される方もいらっしゃるかも知れません。でもご安心ください。昔ならいざ知らず、今はヘミシンクという大変便利なツールがあるのです。このツールを使って「ガイドとは何なのか、わからないから探索する」「まだ会っていないということは、これからガイドに出会えるチャンスがある」と考えてみてはいかがでしょうか。

伝統的な観念はひとまず脇に置く

「ガイド」というと、精神世界の本をたくさん読まれている方には、ある特定のイメージがあるかもしれません。世界各地の智慧の伝統や宗教の中には、私たちを守る「神々」だとか「精霊」だとか「守護天使・ガーディアン・エンジェル」だとか「守護霊」「守護神」「トーテム」「アウマクア」等々、さまざまな呼称で説明されているものがあります。

　モンロー研究所では、それらの伝統を否定することも肯定することもありません。また、特定の思想・信条を押しつけることもしません。「ガイド」についても同様で、「ガイドとはこういうものだ」と決めつけたり押しつけたりはしていません。

　モンロー研究所のファシリテーターによってもさまざまな呼び方をされています。「ハイアー・セルフ（Higher Self、高次の自分）」「グレーター・セルフ（Greater Self、偉大な自己、大いなる自己）」、「ヘルパー」「イッシュ」「知的生命体」や「知的存在」など。それぞれ、その時々にふさわしい呼び方で表現されているのだと思います。

　ゲートウェイ・アファメーションにおいては、

「those individuals whose wisdom, development and experience are equal to or greater than my own」

という慎重な表現をしています。「その知性と発達段階および経験が、私と同格か、あるいは同格以上の知的生命体」という意味です。「限定的な言葉を使うことによって、経験が限定されてしまうのは本末転倒だ」という考え方でしょう。何しろ、「私は物質（肉体）以上の存在である」と宣言して、既存の枠組みを超えるような体験をしてみようというのですから。

「守護霊」という先入観を取り払う

　日本古来の伝統の中にもいろいろな考え方があります。ヘミシンク・セミナーの参加者の中には「ガイドは守護霊のことですか？」という質問をされる方もいます。ガイド＝守護霊と理解してしまうと、「自分の守護霊はご先祖様なので、ガイドはご先祖様ですね？」と考える方がいらっしゃるかもしれません。

　ヘミシンクで体験されるガイドはご先祖様とは限りません。むしろ別の形の存在であると感じられることのほうが多いように思います。「守護霊」という言葉に引っかかってしまうと、自分の体験を特定の宗教や信仰に基づいて語ることになります。せっかく新しい技術で探索するのですから、既存の考えに限定されることなく、あらゆる可能性に心を開いてみてはいかがでしょうか。

　既にお持ちの信仰を否定するわけではありません。ただ、ご自身の観念の中で強固なイメージがあると、それ以外の形ではガイドをつかまえられなくなる可能性がありますので、いったん既存の考え方は脇に置いてみる、早急に決めつけない、という態度のほうが、ガイドとの交信はうまくいくように思います。そして、ひょっとしたら、皆さんが抱くイメージ通りであるかもしれませんが、それは体験後の判断で良いでしょう。

　何度もヘミシンクのエクササイズをしていると、ガイドの存在を感じられたり、見えたり、話したりすることができるようになっていきます。モンロー研究所のプログラムでは、ガイドにお願いをしたり、ガイドにそばに来てもらうということをしてから、その後の探索をしたりします。ガイドはその都度、異なる姿を見せる、ということもありますし、人によっては、いつも同じ姿で現れるということもあります。また、「8人のガイドがいて、セッションごとに入れ替わり立ち替わりやってきたり、そのうちの何人かが一緒にやってきたりする」という報告をされる方もいます。

　ガイドについての筆者の体験を一つご紹介します。

Episode　何もしないガイド？

　モンロー研究所のスターラインズというプログラムに参加した時のことです。Ｆ35を探索するセッションで、ある男性が出てきました。「ここで何をしているんですか」と尋ねると、「何もしていないんだ」と答えが返ってきました。なぜ、何もしないのか尋ねると「私が動いて運命に影響を与えてしまうといけないから何もしない。だから大変なんだ」と答えてくれました。この男性は、筆者のトータル・セルフの一側面であるという感じがしました。

　その後、モンロー氏がＥＸＣＯＭ（Executive Committee　エクゼキュティブ・コミッティの略。代表委員会という意味）と呼んだ、トータル・セルフの役員会のような意識を探索するセッションで再びこの男性と遭遇しました。ＥＸＣＯＭの楕円のテーブルにこの男性も座っています。筆者のトータル・セルフの中でも役員クラスの側面であるということがわかりました。そのセッションではクリックアウトしてしまい、それだけしかわかりませんでした。そのセッションの直後の昼休みに、ヘミシンクを使わずに、自力で変性意識に移行して、もう一度今のセッションを繰り返してみました。そこで得た情報から、その男性は、同じトータル・セルフの一員であり、私たち末端の人格の行動に関与せず、自発性と自力探求を妨げないようにしているガイドだったということがわかりました。

　その後、このガイドとコンタクトすることはありませんでしたが、スターラインズから１年半たった後（2009年11月）に、熱海で受講したスターラインズⅡのセッションでのことです。見知らぬ男性が出てきました。誰かわからないのですが、どこかで会ったことのある人でした。

　そこで名前を聞いてみると「アナクトメン」という音声が返ってきました。スターラインズⅡでは、ピラミッドとかエジプトのトート神のことなどをビデオで見た後だったので、たとえば、イクナートンの文字を入れ替えたような名前に思えて、エジプト人の名前かと思いました。その次の瞬間、「UN-ACT-MEN」という文字に分解されて理解されました。英語でUNは否定の接頭辞。ACTは行動する。MENは人々。「ああ、そうか！　何もしない男か！」と、閃きました。そう、あの男性ガイドだったのです。直後に、「そうだよ」という返事が聞こえた感じがしました。風変わりなガイドとの再会

でした。
　さらに、このガイドは、筆者には一人の男として感じられたのですが、「MEN」というからには複数だったのでしょう。側面が多数あることを示唆していたようです。

しかし、それは個々人の探求次第

　気をつけなければいけないのは、このようなガイドとの交信体験は、一人一人違うということです。他人の経験や本に書いてあることがそのまま自分にも起こることをあまり期待しないでください。むしろ、そういうことはないと思っていたほうがいいかもしれません。

　というのも、誰一人として、その時々に置かれている立場も人生の課題も同じであるはずがなく、それぞれ別個の人生を生きている限り、経験や感じ方が違っていて当たり前だからです。だから、ガイドとの交信の仕方も、ガイドの現れ方も、一人一人違っていて当然なのです。

モンロー研究所では特定の宗教や信条・ドグマを押しつけない

　モンロー研究所のスタンスは、次のように説明されています。
「モンロー研究所の方法にはいかなるドグマ（教条）も含まれません。また、ある特定の信条、宗教、政治的または社会的な立場を支持するものでもありません。モンロー研究所の方法は強制的なものではありませんので、参加者は常にそれぞれの自由意思を行使することができます」
　だから、「ガイドって何ですか」という質問には、「自分で探索してみなさい」と回答されることもあります。「自分のガイドに訊いてみなさい」という回答が返ってくることもあります。(これがほんとの「禅モンロー（問答）」)
「私の言うことを信じるな。自分を信じなさい」というのがモンロー氏の口癖だったそうです。その遺志を継ぐモンロー研究所では参加者の自由意思を尊重しており、その態度はアクアヴィジョン・アカデミーにも受け継がれています。

ニュートラルに探求できるのがヘミシンクの特徴

　自分の感覚や直感からスタートして、どんな外的情報にも惑わされないで探求できるのがヘミシンクの特徴です。ニュートラルな立場で体験を考えていけるのです。ですから、ヘミシンクにおける個人の体験を、権威ある人が判定したり、解読したり、ということはありません。あくまで自分の胸に訊いてみるのです。「奥底の自分の叡智を信じる」という意味で、「自分を信じる」ということが必要です。モンロー研究所のプログラムの中で、「Trust Yourself（自分を信じなさい）」という言葉がよく使われるのはそのためです。

数十年の経験から基本となる有効な方法が編み出されている

　どんな信条も教条も押しつけないとするならば、モンロー研究所のプログラムは何を教えているのでしょうか。プログラムは、モンロー研究所における多くの協力者の実験から生み出された成果ですので、プログラムに参加すると、ヘミシンクを聴いて非物質界を体験するための、そして自己の意識を深く探求するための手順や方法を教えてくれます。それらは、モンロー研究所の提案する一つの方法です。その方法が有効であるか否かについての判断は参加者にゆだねられています。

　むしろ提示された方法論も、「ご自分で検証なさってはいかがですか」というのがモンロー研究所のスタンスです。それがヘミシンクを聴くにあたっての望ましいスタンスです。モンロー研究所が開発した音響技術ヘミシンクとモンロー研究所の方法論には、さまざまな体験を促す、有効な方法があると考えてみてはどうでしょうか。

基本を理解した上で、もっと自由に探索してみる

　基本を理解したら、自由に探索してみるといいでしょう。自宅学習用のゲートウェイ・エクスペリエンスＣＤには、フォーカス10、12、15、21で自由探索をするＣＤがあります。これらのＣＤを使って、基本を理解した上で自由に探索してみてください。自分に合った方法を試してみてください。

　先ほども述べましたが、モンロー研究所の正式プログラムでは、「Trust

Yourself（自分を信頼しなさい）」と言われます。ライフラインに参加したときに、ファシリテーターのフランシーンは「皆さんのグレーター・セルフはよく知っています。今の自分にはわからないこともよく知っています。グレーター・セルフはあらゆる機会をつくって皆さんを導いています。ＣＤセッションのナレーションによる指示に従うよりも、グレーター・セルフの導きを優先させましょう。自分を信じることです」と言っていました。なんといっても探索の主役はあなたです。あなたのやりやすいように工夫してみてください。

ガイドと自分
　ヘミシンクのエクササイズでは、はじめに準備のプロセスを行ないますが、その中で行なうゲートウェイ・アファメーションの言葉を思い出してください。「私は物質（肉体）を越えた存在です。（I am more than my physical body.）」
　自分が肉体以上の存在であると宣言することから始まります。そのときに開かれる可能性は、私という存在が、この肉体大の存在であるとか、肉体に閉じ込められた存在であるとかという既存の定義を乗り越えさせてくれます。
　ガイドについても、既存の限定された存在としてとらえる必要はありません。もっと大きな可能性に心を開いてみましょう。「何かをしなければガイドとは会えない」とか、「まだ出会っていないということは私にはガイドがいないのではないか」とか、物質界の限定的な思考をとりあえず忘れてみましょう。形もなく限界もない非物質世界のことです。あらゆる可能性が開かれています。
　「ガイドは、自分の外にいる？」　はたしてそうでしょうか。私自身とガイドとの間に境界線があるのでしょうか。これも確かめてみると良いでしょう。一つの仮説、あるいは筆者の実感としては、ガイドと自分とはそのままつながっているのではないかと感じています。

ガイドは何人いる？

よく、「誰にも、ガイドは少なくとも8人いる」とか、「私のガイドは2人です」とかガイドの人数について報告する方がいます。それはその方の感じられ方なので、まったく間違いではありません。

では、自分もそうなのか。8人なのか、2人なのか。8人は、2人よりも人数が多いから偉いのか。そんな考え方をする必要はありません。ガイドはさまざまな形をとるといいます。8人であっても1人かもしれませんし、1人というのが無数の過去世の代表格であるのかもしれません。人によっては、人の姿をとらずに、光だとか帽子だとか、車だとか、珍しい方の場合は、カツラだったということもあります。何人いるのか、またはそもそも人数など数えられる存在としてとらえられないのか。どう考えると良いでしょうか。

I/There とトータル・セルフ

参考になるのは、モンロー研究所の考え方です。モンロー研究所では、三次元の物質世界に生きる私たちは、こちら側（Here）にいる、として、こちら側の自分という表現をします。モンロー氏は、I/Here（アイ・ヒアー）と表現しています。

一方、非物質世界（向こう側、There）には、自分の他の側面が存在しているのだといいます。それは過去世の自分であったり、自分の進化形とでも呼ぶべき存在であったり、はたまた超越的なエネルギーであったりして、数え切れないほどだといいます。それらをひっくるめて、向こう側の自分という意味で I/There（アイ・ゼアー）と呼んでいます。フォーカス15などで認識すると、巨大な球場やスタジアムに大観衆が集まっているように感じられることもあります。

何者かはわからない、それでも自分であることはなんとなく感得できる。「神だ」「仏だ」と言ってしまえば、既存の伝統を参照しなければならず、自分の体験をそのまま表現するにはふさわしくない。そうモンロー氏は考え、他の宗教的・神秘的伝統に依存しない、中立的な、I/Here と I/There という言葉を使っています。I/Here と I/There とを合わせたものが「私の

全体、すなわちトータル・セルフだ」という考えなのです。

　トータル・セルフという言葉は、日本語においては、ある種の専門用語のように使われる傾向があります。英語圏の人たちの語感からすると total self は、文脈によっては「自分自身」という訳語のほうが、しっくりくる場合があります。Your total self であれば「あなた自身」ということです。「トータル・セルフを理解する」という文を言い換えれば「自分自身を理解する」ということです。そう考えると、I/Here と I/There とを合わせたものがトータル・セルフであり、それこそが自分自身だ、ということになります。

（I/Here）＋（I/there）＝（Total Self）＝（自分自身）

　こんな式に表せそうです。

　さらに、モンロー研究所の説明では、I/There の上位には、いくつものI/There が集まった I/There クラスターがあると言われています。これについては、モンロー研究所のスターラインズを受講されると、ヘミシンクの体験と合わせて深く理解することができるでしょう。

　モンロー氏の探求の旅は、I/There との再会の旅だったようです。自ら行なった探求と、研究所の協力者およびプログラムの参加者によってなされた探求のすべてが、「私たちはここにある肉体に限定されたものではない」ということを体験的に証明する旅だったように思います。ヘミシンクを聴く私たちも、その旅の仲間入りをしているわけです。

　ヘミシンクを使って、自己の意識を探求していく旅は、自分のこれまで知らなかった側面を知り、I/There を知ることによって、トータル・セルフ＝自分自身についての理解を深めていくことになります。この旅をよりよく「導いて」くれるのが、ガイドであるという考え方もできるでしょう。

　この場合のガイドは、トータル・セルフの中の「導き役」であり、自分の進化形です。未来世の自分であるかもしれませんし、今の自分よりも一層経験を積んでいた過去世の自分であるかもしれません。

　現在の自分が、子供の頃の自分を振り返って、「こうすればよかったのに」「そんなことに、くよくよしなくてもよかったのに」などと客観的に思い出

すことはありませんか。そんなとき、現在の自分が過去の自分に声をかけることができたら、どうするでしょうか。ＳＦ小説やドラえもんで取り上げられるようなシチュエーションです。温かく見守りたいという人もいるでしょう。あるいは、転ばぬ先の杖を差し出してあげたいという人もいるでしょうね。非物質の世界において、自分のさらに進化した自分は、現在の自分に対して救いの手をさしのべているかもしれません。その可能性は、否定してしまうよりも、心をオープンにして受け止めてみたほうが、思いも寄らぬ体験をする可能性が高まります。

巨大な自己、または大いなる自己

　筆者は、トータル・セルフをイメージすると、「巨大な自己」という表現がふさわしく感じられます。今ここにいる自分を含む、大きな自己、「大いなる自己」です。自己の側面をすべて合わせたものです。
　モンロー氏自身は、自分の他の側面が同時代のロシアに生存していることを知りました。自分の他の側面とは、現に今生きている、他の誰かである可能性に思いを馳せたとき、隣を歩く見知らぬ人が巨大な自己の他の側面かもしれないと思えてきます。
　日本には、「袖振り合うも多生の縁」ということわざがありますが、道の往来で、袖が振れあうような偶然出会った人が「多生の縁どころか『自分』だ」ということになると、ものの見え方・とらえ方が変わってきます。果てしなく大きくイメージしていくと、地球を包み込み、太陽系をはみ出して、銀河の果てまで包み込み、宇宙大にまで広がっていきます。
　思い出されるのは老荘思想の『老子』の有名な一節「道の道とすべきは常の道にあらず、名の名とすべきは常の名にあらず」です。老子は、普通では考えられないくらいの巨大さを考え、表現を破綻させるまで考えた人のようです。これにならって、「自己の自己とすべきは常の自己にあらず。ここにいる、私などと言うちっぽけな私は、真の私ではない」そんな言葉遊びをしてみたくなります。そう言ってようやく表現できるものが、巨大な自己、トータル・セルフではないかと感じています。ただし、これは筆者の感じ方にすぎません。皆さんがどのように感じるかは、皆さんがご自分で確かめてみて

ください。

自分の他の側面

モンロー氏は、探求の中で、無数にある自分の他の側面を集め、やがてトータル・セルフに合流していくのがこの世に生まれた人生の目的であるという見解に達したようです。そこでモンロー研究所のプログラムでも、自分の他の側面を救出したり、コンタクトを取ったりするセッションがあります。自分の他の側面というのがどのように現れたか、筆者の体験事例を紹介しましょう。

Episode　高速で変化するモンタージュ写真のような顔

最初に体験したのは、ゲートウェイ・ヴォエッジに参加したときのことでした。セッション中に、目の前に人の姿が浮かびました。すぐ近くに顔があり、こちらに正面を向けて椅子に座っているようです。筆者は、その人の顔をまっすぐ見つめました。するとどうでしょう。顔がどんどんと変化していくのです。パラパラ漫画のように顔が変化していきます。メタモルフォーゼと言ったほうが適当かもしれません。ものすごい勢いでどんどん変化して、別人の顔から顔へと変化していきます。

この「顔の変わっていく人」。それはまるで、故マイケル・ジャクソンの「Black Or White」という曲のプロモーションビデオのようでした。モンタージュ写真とか飛行場のフライトを示す旧式パタパタ掲示板とかのようでもありました。あとから、この映像は私に他の側面がいくつもあるのだ、ということを表していたのだとわかりました。ゲートウェイ・ヴォエッジでは何度かそのような経験をし、その後も、モンロー研究所のライフラインやスターラインズ２、アクアヴィジョン・アカデミー主催のトータル・セルフへの帰還セミナーでも同じような体験をしました。

ガイドの姿

ガイドはどんな姿をしているでしょうか？　ガイドの姿は、まさにそれを体験する人それぞれによって異なるようです。フードを被った修道僧とか、

光の存在とか、天使の格好とかさまざまです。筆者の参加したゲートウェイ・ヴォエッジでは、参加者のSさんがF12のセッションで赤い車が出てきて会話をし、名前も教えてくれたと報告していました。モンロー研究所のレジデンシャル・ファシリテーターであるジョー・ガレンバーガーは「車とか物体がガイドやガイドからのサインであることはある。ガイドはさまざまな形でコミュニケーションをとってくる。ガイドに質問して、白い犬がでてくるとYesという印だという人もいたし、羽根を見つけるとYesだという人もいました」と教えてくれました。是非、ご自分で確かめてください。そして、セッションの度に姿が変わったり、人数が増えたり減ったりしても気にせず受け止めてください。

ガイドのはたらき

　ブルース・モーエンさんの本を読むと、時間・事象ラインを整えてくれているガイドとのコミュニケーションが報告されています。ヘミシンクを聴く生活を続けていくと、さまざまなことが徐々に変わってくるようです。モーエンさんのように、時間と事象を調整している姿を見るということがなくても、絶妙なタイミングで物事が運んでいったり、自分の思いが実現したりすることに気づいていくことでしょう。

Episode　ガイドが絶妙なスケジュール調整をしてくれた

　ブルース・モーエンさんは、モンロー研究所での体験とご自身のレトリーバル体験を『死後探索』（邦訳はハート出版刊）シリーズの４冊の本にまとめています。さらに、その技法については、『死後探索マニュアル』（邦訳はハート出版刊）にまとめられています。

　2009年11月7日（土）は、筆者がヘミシンク基礎コースのトレーナーを務める予定でした。ところが、10月の早い段階で、その日は、息子の学芸会だということを知りました。親としては、息子の晴れ姿を見届けてやりたい。そこで、トレーナーの交替ができないか、トレーナー仲間に連絡してみました。連絡が取れない海外出張中の２名はその日は熱海のスターラインズのアシスタントの予定であり、それ以外のトレーナーも全員都合がつきま

せんでした。いったんは、自分のスケジュール調整のまずさが招いたことと反省し、7日のセミナーのトレーナーを務めようと思いました。しかし時間がまだありました。「どうにかならないものだろうか」と心の中では思い、諦めずにいました。

すると、坂本さんから連絡がありました。「スターラインズは参加人数の関係で、アシスタントを2名ではなく1名に減らしてもよい。アシスタントを外れたトレーナーの都合さえよければ、11月7日の基礎コースのトレーナーを交替してもらうことも可能だろう」ということでした。

海外出張中の2名のトレーナーと連絡がついて、めでたく11月7日には、息子の学芸会を参観しに行く準備が整いました。ところが、今度は、10月31日の夜から長男は熱を出し始め、11月1日には39度を越えました。関節などは痛くないというので、妻は様子をみていて、ようやく11月2日（月）に医者に連れて行きました。即座に新型インフルエンザに罹患していることが判明しました。これで一週間学校を休みなさいとのこと。一週間と言えば、土曜日の学芸会も休まざるをえません。なんと、せっかく親のほうが行ける準備が整ったというのに、当の本人がインフルエンザでは困ったものです。ところが、リレンザが功を奏し、すぐに熱は下がり、体調も良くなり、もう一度医者に連れて行くと、11月6日（金）には登校してもよい、というお許しが出ました。そして晴れて、11月7日に親子共々学芸会にはせ参ずることができました。

その他細かなことから大きなことまで、2009年秋から年末にかけて、さまざまなことのスケジュールが重ならないように調整されました。まさにガイドが、時間・事象ラインの調整をしてくれたようです。その調整は、眠っている間にガイドと綿密な打ち合わせをしていたのかもしれません。

ヘミシンクを使った未来設定ということを行なえば、なお強力に思いを現実化することもできます。その方法については、後述します。ヘミシンクを聴き込んでいくと、実現したい想いがあるときに、自然と未来設定のできるF15に意識をフォーカスさせて、設定をしているということもあるようです。

さらに、これは私見ですが、多くの社会的な成功者や一流のスポーツ選手、金メダリストや一流企業の創業者などは、ヘミシンクを聴かずとも、自然にＦ15に意識を合わせて実現のための未来設定を行なえているのではないかと思います。誰に教わらなくとも、そのやり方を自然に身につけていたという可能性があると思うのです。
　フォーカスレベルは、意識をどこに合わせるかだけであり、常にすべてのフォーカスレベルに自分はいます。焦点の合わせ方を、ヘミシンクという補助ツールを使って学ぶわけです。生まれながらにして、あるいはいつのまにか特定のフォーカスレベルに意識を合わせられるようになった方がいてもおかしくありません。
　もともとフォーカスの合わせ方を知らない私たちも、ヘミシンクを使って合わせ方を学び、そのコツをつかんだ暁には、いつでもフォーカスをコントロールできるようになります。ノン・ヘミ状態（ヘミシンクを聴いていない状態）でフォーカスレベルをコントロールすることができるようになるのが私たちの当面の目標だといえるでしょう。「フォーカスレベル間を自由に行き来した上で何をするのか」というのが、さらにその先のテーマになりそうですが、それも各自で探求してみてください。

この章のまとめ：ガイドに感謝して、その先へ一歩進む

　まさにガイドの計らいとでも言いたくなるようなことが起こり始めます。筆者も最初は、そのたびに驚いて、「すごい、すごい」と言っていました。しかし、驚くというのは、あり得るはずがないと思っているから驚くわけです。モンロー氏も、疑い深かったそうですし、「妄信しないために、常に疑い、裏付けとなる情報をとるように努力している」というトレーナーもいます。ガイドとの交信をしていき、体験をしっかりと自分のものとして、自分の中で疑いのない感覚を得られたら、今度は、驚いたとしても、感謝をし、それを前提にさらにその先に、自分が何をできるかを考えるようにしたほうがいいと思うようになりました。
　先日（2009年の年末）テレビでお笑い番組を見ていたら、「ありえなーい、だけども、ありえるぅ〜」というギャグをやっていました。このギャグが頭

にこびりついて仕方なかったのですが、このギャグはなかなか哲学的ですね。「ある」と「ない」。存在と無。空即是色、色即是空。あり得ないのか、あり得るのか。はたまたどちらでもあるということなのか。などという状況を笑っているのでしょう。その上、甲高い声で「ハイッ！」と言っています。High、高いわけです。ガイドは高次の存在ですから、High なのですね。まさに、ガイドの計らいは「あり得ない。だけどもあり得る」ものだと理解したほうが良いようです。ハイッ！

　自分に幸運のような事柄が起こる。素直に喜び、喜んだ上で、さらに自分はその幸運を活かして何ができるか。周りの人にその幸運に基づいて何か貢献できないか。そんなことを考えられたらいいなと思います。幸運も、「過信・妄信・卑下」しないで、その先に一歩進めたいものです。

Column：THくん

　個人的なリラックス方法は、「さ行」の音を、英語の「th（θ）」（上の前歯を舌でこすりながら声を出す）の音で話してみると、なんだか気が抜けた人の話し方になる、ということに気づいてから、「さ行」を「th（θ）」で話すということをやってみたりします。人前でやってみると、これを見た大概の人はコミカルに感じて笑ってしまうようです。

　「急に人格が変わったようだ。その人格の名前はＴＨくんだな！」という人がいたので、筆者もふざけて「『ＴＨくん』という人格が出てきた」などと言うことがあります。

　これは、文章では伝えきれないので、一度声に出してやってみていただければと思います。そして、その要領で「簡単なんでth！」と言ってみるのです。そうすると、その、なんとも間の抜けた感じがリラックスした気分をかもしだします。これはかなり個人的な感覚なので同意されない方もいらっしゃるでしょうが、ご興味がおありでしたら、どこかで実地指導させていただく機会があればいいですね。

Chapter 4　ガイドからのメッセージのかたち

　ガイドとは何かについての先入観を取り外したあとは、どうやって交信するのかについての考え方も大きく広げてみましょう。

　ガイドからのメッセージは、思いもよらない手段や方法でやってくることが多いのです。私たちは、日常生活では言葉を使ってコミュニケートすることが多いので、ガイドとのやりとりも言葉で行なうものだと思いがちです。もちろん、ガイドと言葉で会話できることもありますが、それだけではありません。言葉以外の方法での交信（非言語交信と言います）もあわせて、ガイドからのメッセージの多様なかたちを紹介します。

① 絵や写真・映像
　視覚的な把握能力が得意な方は、ヘミシンクを聴くと映像や画像など視覚を通じてガイドからのメッセージを受け取ることがあります。多くの方は視覚的な体験を強く求めてしまいますが、視覚だけではないということをご理解ください。

② 文字
　視覚的に文字が見えたり、文字・単語がぽんと思い浮かんだりします。これも一つのメッセージのあり方です。筆者の場合、ヘミシンクを聴いていて、視覚的に机が見えたと思ったら、その天板に「内外完結」という漢字が書かれていた、ということがありました。

　本のページが目の前に現れて、ページに書かれた文字を読むことができる、ということもあります。この場合、その意味がわかる場合もあれば、文字が見えてもエジプトのヒエログリフのような象形文字であるために意味はさっぱりわからないという場合もあります。

③ 非言語記号
　言葉ではなく、マークやピクトグラム、記号のようなものがぽんと頭に浮かぶ、という形で情報を受け取ったりします。三角形とか、立方体、星形、五芒星、円、曼荼羅などが非言語記号です。世界のシンボルを集めた事

典などを見ると、その意味がわかることもあります。あらかじめさまざまなシンボルを知っておくと、それをもとに交信することもできるかもしれません。

非言語による交信力をつけるためには、ゲートウェイ・エクスペリエンスＣＤのWave Ⅳ　非原語交信ⅠとⅡを聴いてトレーニングするといいでしょう。（Chapter6 をご参照ください）

④ 声・音声

実際の音ではないのですが、声や音として把握されることがあります。本書冒頭に書きましたが、「昔からですけど」という声が聞こえたり、ある企業の株価がいくらになるという情報を声で伝えてくれたり、という事例もあります。

また、本来聞こえないはずの、自動車の音、街角の音、複数の人の話し声などが聞こえることもあります。

⑤ 音楽・メロディ

実際の耳には聞こえないのですが、聞いたこともないメロディや昔懐かしいメロディなどを聴き取ることもあります。

⑥ 声なき声

「声なき声」と表現するのがふさわしいこともあります。言葉がはっきり聞こえるわけではありませんが、言葉や概念として理解できるものを受け取るケースです。まるでテレパシーのように交信して、言葉のやりとりをしているかのように感じられることもあります。

ヘミシンクを聴いていて音声が聞こえたという場合でも、それがいくらハッキリ聞こえたとしても非物質の情報で、実際の耳を通して物理的な音が聞こえたのではないことがよくあります。ここでいう「声なき声」は、聞こえたという感じはないものの、言葉なり、声があったかのように感じられたり、その音声が思い浮かんだりするというものです。概念の場合や、ROTE（Related Organized Thought Energy。（関連づけられ秩序を与えられた思考エネルギー）※『Column：「わかる」「ROTE」』参照）の場合も「声なき声」のように感じられることがあります。

⑦ におい

昔住んでいた部屋のにおい、学校や職場などのにおい、香水のにおい、またはえもいわれぬ幸せなにおいなど。筆者は、フォーカス15のＣＤを聴いていたときに、かつて実家で飼っていた猫のにおいを感じたことがあります。坂本さんの『死後体験』(P.43)にも、モンロー研究所プログラム、ゲートウェイ・ヴォエッジで、キャサリンという参加者が非物質の体で、他の参加者のもとを訪れたことが香水のにおいとして感じられたという体験が書かれています。

⑧ 味

舌で感じ取る味です。筆者はよく、食べ物を知覚することがあります。ヘミシンクを聴いていて、気づくとおじやとかスパゲッティ、味噌汁やサラダが目の前にあったり、中華料理があったりすることがあるのです。それらは癒しのシンボルであるという予測のもとに、口の中に入れてみると、しっかりとおいしい味がするということがよくあります。

余談ですが、伊勢神宮に行ったときのこと、休憩室の椅子に腰掛け、ノン・ヘミ状態で目を閉じてフォーカス12に移行して、場のエネルギーを感じようとしてみたら、非物質の世界で、突如うどんが出てきたということがありました。もちろん口に運んで味わいました。小学生の作文みたいですが、「とてもおいしかったです。」

⑨ 体の感覚

体の感覚を通じて情報が来る場合もあります。体が熱くなったり、冷たくなったり、腕がしびれたり、痛みを感じたり、かゆみが出てきたり、振動を感じたり、浮き上がったり沈み込んだりする感じがするということもあります。

「その痛みは過去世に負った傷の痛みだった」という報告をする方がいるように、現在の人生では思い当たる節がなくても、過去世に関係している場合があります。また、感じる箇所に意味がある場合もあります。場所によっては、チャクラに対する理解が、体験を解釈するのに役立つことがあります。たとえば喉に何かを感じたとすると、自己表現のチャクラに関係するメッセージであるかもしれない、というふうに。

⑩ 感情

体の感覚とも似ていますが、突然、楽しい気分になったり、悲しくなったり、涙が出たり、という形で感情（喜怒哀楽）が押し寄せてくるということがあります。これもガイドとの交信を意図してヘミシンクを聴いていると起こりうることです。感情そのものを伝達されたということかもしれません。あるいは、過去世の感情がよみがえってきた、という場合もあります。いずれにせよ、思ってもみない感情を体験することがあります。その理由がわからないときは、ガイドに尋ねてみましょう。

⑪ シンボル

非言語記号の一種でもありますが、何かを象徴するシンボルを受け取ることもあります。何かを象徴するような形で鷲の姿が見えたとか、巨大な山、ピラミッド、人の姿とか、何かを象徴するものとしてあらわれることがあるのです。

シンボルは、何を象徴しているのかがわかる場合にシンボルなのですが、ヘミシンクの体験においては、それが何を象徴しているのか、何のシンボルなのかを後で解釈してみるというのが重要です。山は山なのか、それとも何かのシンボルなのか、と考えるということです。セッション中には受け止めて、セッションが終わったら考えてみるというのが良いですね。

⑫ 概念

なんらかの概念・コンセプトを「わかる」というかたちで把握するということがあります。概念の固まり、情報の固まり、エネルギーの固まりを、モンロー氏はROTE（ロート）と呼びました。

⑬ 冗談

冗談好きの人はとくに、自分の笑いのツボにはまるような冗談、ジョーク、ギャグなどのかたちで受け取ることがあります。これは普遍的に誰もが一意的に理解できるというものではなく、直感的に笑いが生まれ、その意味も自分にはわかる、という仕方で理解されるような受け取り方です。

自分しか言いそうのない冗談や自分しかわからない冗談を通じてメッセージを与える場合などは、まさにガイドは自分の一部であり、その冗談もガイドや大いなる自己からのメッセージを伝えるための方便だ、ということがで

きそうです。

⑭ 非物質のエネルギー

体内を流れるエネルギーのようなもの、熱として感じられるようなもの、「気」のようなもの、明滅する光、光の洪水、光の渦などを受け取る場合が、非物質のエネルギーです。それが視覚的にとらえられるものであったり、食べ物であったりすることもありますが、なんらかの情報の固まりを受け取った感じがすることもあります。

この章のまとめ：さまざまな形式

メッセージは、これらさまざまな形式でやってきます。思いもかけない形式であることが多いようです。慣れてくると、次第に、これがメッセージだ、と捕まえられるようになりますので、心配はいりません。

Column：「わかる」と「ROTE」

声なき声を知的に了解した場合、ぱっとひらめいたり、じわじわと理解できたり、または、すっと理解するというかたちで「わかる」という場合があります。その瞬間、理由はわからないのにわかってしまう。あとから論理的に解読するともっと深く理解できるが、それ以前に、答えだけがわかってしまったように感じる、ということがあります。

ブルース・モーエンさんの本でも、Knowing（知っている）という状態があることに言及されていますが、それもこの「わかる」という状態です。

モンロー氏は、その著書の中で、ガイドから受け取る情報の固まりをRelated Organized Thought Energy（関連づけられ秩序を与えられた思考エネルギー）と呼び、略してROTE（ロート）と記述しています。（『究極の旅』P.23）

エネルギーの固まりで、その場ではわからず、数ヶ月または何年もかかって翻訳するような体験も起こります。

筆者自身にも、「これがROTEか！」と理解した体験がありました。しかも「ROTEについてのROTE」を得たという体験です。ちょうどその頃に書き留めた文章を抜粋して転載してみます。

がつん、ときました。ある種のコンタクトだと思います。今朝、通勤途中に歩いているときに、はっきりわかったのです。私の場合は、ロートを受け取るとかならず解きほぐしていたようです。そして、その解きほぐし方の仕組みが今日はわかりました。
　ロートは、感触はないのですが、イメージ的には圧縮ファイルが届くようなもの。そして解凍ソフトは私たちの頭脳や心。言葉をつかって解きほぐすときに、その内容を受け止めるためのボキャブラリーや概念が必要です。
　そのために、いろんなことを学んだり、本を読んだり経験したりということが必要なのだ、とわかりました。それが今日得たロートでした。それで、小説を読んだりしなさいよ、ということだったのか！
　歴史を学ぶもしかり、哲学書を読むもしかり。
　そして、一年前、組合の研究発表で、アイディア創出法をテーマにしたのも、今日のロートを理解するための準備だったようなのです。
　アイディア創出法とまったく同じプロセスが、ガイドとのコンタクト、ロートの受け取り方なんだ！！！！というのも今日のロートにありました。
　私は歩きながら、興奮してしまい、これはメモを取らなければ、と思いました。かばんを開けるのも面倒くさい、こんなときに小さい手帳を持っておくべきだな、と思った瞬間。あ、そうだ、今日は持っていると気づきました。
　それはロートを受け取る直前に、労働金庫の支店に立ち寄り、「ご自由におとりください」という手帳を何の気なしにもらったところだったのです。その上、いつもは入れていないのに、少し前からコートのポケットにボールペンを入れたままにしていたので、すぐにメモを取ることが出来たのです。
　どうも、ロートのやってくる仕組みを示し、メモを取れ、という意味であり、これから、どんどんロートを送りつけるから、逃さず、

書きとめよ。ということではないかと思いました。今、ものすごい喜びが胸にあふれています。

　なんだかとても感動して書いています。久しぶりに昔の文章を引っ張り出して、思い出しましたが、歩きながら変性意識に入っていたようで、かなり興奮していますね。この原稿を書きながら、労働金庫は、ROTEの金庫か、などと冗談が浮かんできました。ROTEの金庫に立ち寄った後に、「ROTEについてのROTE」を受け取ったということです。
　そして翌日も通勤途上の路上で、ROTEのデコーディング（解読）が進み、続きを書いています。

ピンとひらめく。そのひらめきを言葉に直して展開する。これがデコーディングであり、あらゆる発見・発明における、気づきというのは、なんらか高次の情報をロートとして受けとり、解読できた瞬間のことを指しているのかも知れません。すでに、もともと「内なる声」や大宇宙の原理、あらゆるロートは絶えず放射されていて、私たちがチューニングをあわせたときに、「受け取り」、こちらに準備が出来ていれば、デコーディング（解凍）できて、私たちに理解できるものとなる。そのようなことのようです。

　このように感じた筆者ですが、人さまざまですので、「過信・妄信・卑下しない」というスタンスでいきましょう。

Chapter 5　交信のコツ

　ヘミシンクを使って、ガイドとの交信（コミュニケーション）を実践する際に、覚えておいていただきたいコツを説明します。

　ヘミシンクの聴き方については、『ヘミシンク入門』や『ヘミシンク完全ガイドブック』シリーズを参照してください。ヘミシンク一般のコツはそのままガイドとの交信に役立ちます。ここではガイドとの交信をしやすくするという観点からヘミシンクを聴くに当たってのコツを説明します。

① リラックスする

　変性意識状態の入り口にあたるのがフォーカス10ですが、フォーカス10は「意識は目覚め、肉体は眠っている状態」と形容されます。ガイドとの交信もまずこのフォーカス10の状態を通過します。F10の特徴である、「意識は目覚め、肉体は眠る」状態をつくるために、まずはリラックスすることが大事です。

　リラックスするためには、マインドフードCDの「ディープ10リラクゼーション」やゲートウェイ・エクスペリエンスWAVEⅠ＃2「フォーカス10序章」を何度か聴いて、全身のリラクゼーションを覚えてください。「フォーカス10序章」の中では、10という数字を思い浮かべて、息を吐くだけでフォーカス10に行くこと（ワンブレステクニック）ができると言っています。これをマスターすれば、一息でリラックスすることもできるようになります。

　慣れてくれば、フォーカス10を通過して、肉体は眠らずに動いていたとしてもフォーカス12やそれ以上のフォーカスレベルに意識の焦点を合わせることができるようになります。一度、フォーカス10の門をくぐるために、リラックスすることをしてみてください。リラックスするというのは、ある意味で簡単でもあり、難しくもあるのですが、「ぎゅっと力をいれて、ぱっと力を抜く」という動作を何度かやってみて、リラックスしたときの感覚を覚えてから、その状態を思い出すという方法も有効です。

呼吸に意識を集中することでリラックスするということは多くの方が実践されていることですが、まさにレゾナント・チューニングは、声と呼吸を使ったエクササイズであり、エネルギーのチャージアップとエネルギー体を振動させることを目的として行ないますが、同時にリラックスするのにも最適です。

　また、笑いもリラックス効果があります。深刻な気分にならないように、セッションの前に、お笑い番組を観たり、仲間と冗談を言ったり、おかしかったことを思い出したりして、笑うのもリラックスする方法です。笑顔を作ってみたり、ほほえんだりするだけでも、気分は明るくなり、リラックスすることができます。

　肉体をリラックスさせることができると、気持ちもリラックスしていきます。リラックスし、想像力を働かす。これがとても重要です。心配事は、エネルギー変換ボックスに入れて、呼吸をしながら声を出すレゾナント・チューニングをすると、肉体的にも、セカンド・ボディ的にもエネルギーがチャージアップされて、ますます内面の知覚が作動する状態が作られていきます。だからこそヘミシンクにおける「準備のプロセス」はとても大切なんですね。

② 想像力を呼び水にする

　ガイドとの交信をスムーズに開始するために、「想像力を呼び水にする」というのが第2のコツです。

　普段の私たちは、視覚・聴覚・嗅覚・味覚・触覚などの肉体的五感を通じて、物質世界を把握しています。世界を把握するために、五種類のセンサーを持っているようなものです。生まれてからこの方私たちは、この五感を鍛えて、五感に頼って生きてきたわけです。

　ヘミシンクにおける体験は、変性意識状態における非物質世界の体験・探索です。非物質世界の探索をするためのセンサーとして、これらの五感は役に立ちません。実際にセッションを行なうに当たっては、目は閉じていますし、耳はヘッドフォンにふさがれていて、ヘミシンク音を聞いています。ヘミシンクの体験は、ヘミシンクの音を聴く体験ではありません。ヘミシンク音を耳から取り入れ、脳幹に作用させ、変性意識状態を作り出したところで

行なう体験です。音は意識変容のためにしか使わないので、聴覚を使っているわけではありません。味わうと言っても口を閉じたまま、何かを飲むわけでも食べるわけでもありません。じっと横になっているので、新たなものを触るというわけでもないので、触覚も使いません。

　非物質世界の探索のためには、五感を使えないのです。むしろ五感を使わずに、五感からの信号が極端に少なくなった状態をよしとします。その上で、何を使って知覚していくのでしょうか。何をすれば、非物質世界を知覚する能力が作動し始めるのでしょうか。

　モンロー研究所では、非物質世界を把握するための、いわば「内面の知覚」を作動させるには、想像力をフルに発揮するのが良いと言います。想像力を働かせることが「内面の知覚」を作動させるスイッチを押すことになる、と言われています。

　ガイドとの交信を目的としてヘミシンク・セッションを行なう場合、「想像力を呼び水にする」ことが有効です。準備のプロセス（エネルギー変換ボックス、レゾナント・チューニング、リーボール、アファメーション）を行なうことも「想像力」を使うことです。さらに、フォーカス10やフォーカス12に行って、ガイドがうまく出てこないと感じるようならば、架空のガイドを想像力で思い浮かべてみましょう。そのガイドと会話しているつもりになって、話してみるのです。想像上の会話をしているうちに、思ってもみない展開をし始めます。自分で作り上げたものではない会話。そこから、非物質世界探索がはじまります。

　たとえば、はじめに自分が想像したガイドは、白髪のおじいさんの姿をしていたかもしれませんが、突然場面が変わって、風景が移り始めるとか、ガイドの姿が、光になってしまうとか、思いもよらない展開をし始めることがあるのです。そうしたら、その展開に任せてください。ガイドがどんな姿をしていても、人間の姿でなかったとしても、それを一旦受け入れ、可能性の扉を大きく開いて体験を続けてください。

③ 自問自答から始める

視覚的にガイドの姿を想像することが難しければ、独り言のように

自問自答をすることをおすすめします。一人二役で会話をするのです。自問自答も想像力を使います。それが「呼び水」となって「内面の知覚」の作動スイッチを押すことになるのです。
「急に自問自答を始めようとしても何からつぶやいたらいいかわからない」という方は、セッションに入る前に、セリフを考えて台本を作っておいてはいかがでしょうか。挨拶からはじめて、ガイドのセリフも勝手に決めておきます。いくつかのやりとりを作っておいて、セッション中にそれを頭の中で演じてみるのです。そうすると、そこから思いも寄らない展開が始まり、本当の体験へとスムーズに移行できるということがよくあります。

④ Desire, Clarity, Intensity

ゲートウェイ・ヴォエッジに参加したときに、ガイドと交信したり、ガイドの協力を求めたりするには「Desire, Clarity, Intensity」が大事だと教わりました。

「Desire」・・・ 強く願うということです。
「Clarity」・・・ その願いは、はっきりと明確にします。
「Intensity」・・ そして意図を持つこと。

自分自身が何をしようとしているのかわからない状態でヘミシンクを聴いても、はかばかしい体験は得られません。
何をしたいのか、ハッキリとした意図を明確にすることが大事です。この３つの単語をよくよくかみしめてセッションに臨むことをおすすめします。

⑤ 自信を持つ

ガイドを信頼し交信するには、何よりも自分を信頼していなければ始まりません。自信を持つということです。自信とは、自分を信頼することです。信用ではなく信頼です。一般社会においても、信用と信頼は別ものですね。
「必ず期日までに返済するならお金を貸してやろう」というのが信用です。それに対して、「きっと返済してくれると信じているからお金を貸してあげよう。もしも返してくれなくてもそれはこちらの責任。君を信頼しているか

ら貸すよ」というのが信頼です。

　自分を、信用ではなく信頼するのです。自分の感覚をしっかりと受け止めるというのがすべての基本です。そこからしか始まらないといってもいいでしょう。自分の感覚を信頼し、その体験の積み重ねの果てに、体験の全体像が現れてきます。自分の感覚をそのまま受け入れるということからしか、ガイドとの交信もできません。

　熱心な人に多い間違いは、たくさんの本を読んで知識があり、「あるフォーカスレベルでは、こういう体験をすると本に書いてあったから、かならずこうならなければいけない」と思い込んで、自分の体験を裁いていくことです。「こんなものは体験ではない」と断じて、体験を排除してしまう人のなんと多いことか。

　ヘミシンク・セミナーで、参加者の体験報告をお聞きすると、「これは想像に違いない」とか「これはつい最近の出来事の反映だから、体験ではない」とか「近所のおばさんがでてきたが、私のガイドが、よりによって近所のおばさんであるはずがないから違う」と言って、ご自身の体験を切り捨ててしまう方がいらっしゃいます。十分体験していると思われるのに、その体験を受け入れないということは、とてももったいないことであり、体験の理解や解釈への道を閉ざしてしまうことになります。

　ヘミシンクの体験は、とても淡く、微細な情報を受け取っているのです。ガイドからのエネルギーも同様です。ガイドからの微細な情報を受け取ったときに、理知的な判断が働いてごくごく日常的な生活場面が思い浮かんだり、自分の記憶の中にある類似の情報をあてはめたり、ということが起こるのはごく普通のことです。

　たとえば、暖かい感情を感じて、ふと気付くと母親の姿が見えた、ということがあったとします。その体験が実は、ガイドから、暖かい感情のエネルギーを受け取ったときに、それに似たものとして、子供の頃の母親の抱擁を思い出した、という可能性があるのです。ガイドからのエネルギーを「母がでてきた」と認識するのです。

　もっと私たちの知覚能力があがれば、視覚的にどんなことを受け取り、どんな感じがしたか、その意味はどうか、など理解と解釈を深めていくことも

できるようになります。しかし、慣れないうちは受け取った印象をストレートに解釈してしまいがちです。それで、一番目立つ印象（ここでは「母親の姿」）をとりあげて、それが日常的で平凡な印象を持つがために、「これは違う」と捨ててしまうことがあるのです。気をつけたいですね。

　何事も体験であるとして自信をもって受け入れてみましょう。

⑥「過信・妄信・卑下」しない

　過信も、妄信も、卑下も必要のないことです。ヘミシンクにおいては、冷静に体験を吟味できるようになってはじめて、一人前と言えるのかもしれません。

「ガイドとの交信ができた！」と実感できたときには大変な喜びを感じるものです。人生観が180度変わってしまうくらいの経験をする方もいます。それはそれで素直に受け止めた上で、体験を丁寧に取り扱い、決して「過信・妄信・卑下」しないようにしてください。

「過信」とは、信じすぎることです。必要以上に信じる。見たもの、感じたものに重きを置きすぎること。過信すると、他人に自分の体験を押しつける人も出てきます。これは是非とも慎みたいものです。

「妄信」とは、頭ごなしに体験を信じ切ってしまい、Ｃ１の日常生活においてもなんの疑いも挟まずに信じ切ることです。たとえば、「セッションでキリストと出会った。キリストにこうしろ、と言われたからするのだ」とそれが、Ｃ１においてどのような影響と意味を持つのかを考慮せずに信じ切ってしまうことです。これは非常に危険な態度です。

「卑下」これは上記２点とは逆です。「自分は、能力がないからダメだ」「まだまだ見えた内に入らない」「ちっとも体験していない」などと卑屈に自分を見下すことです。過剰に謙遜することです。過剰な謙遜は嫌いですね。ガイドもそう捉えるかもしれません。ガイドに会いたいと思うあなたであればなおのこといけません。等身大の自分を認めて、一歩一歩、歩んでいきましょう。そのためには、今のありのままの自分を認めてください。決して卑下などしてはいけません。

　ゲートウェイ・ヴォエッジの最終日にも、その一週間でものすごい体験を

して舞い上がってしまうことがあるために、終了後しばらくの間は、人生を変えるような重大な決断をしないように、という注意がなされます。まるで自分がものすごい人になってしまったかのように考えて、会社を辞めたり、巨額の投資をしたりして、それが取り返しのつかない結果を招いては元も子もないからです。ヘミシンクでの体験に慣れたからといっても、軽率な行動は差し控え、「過信・妄信・卑下」しない、ということを覚えておいてください。

⑦ 体験の解釈・判断は後でする

「卑下しない」ということにも関わってきますが、それがどういう意味を持つのか、解釈・判断するのはセッションの後にしてください。

ヘミシンクでの体験は非常に淡く感じられることがあります。それに加えて「よくわからない」という場合もあります。体験している瞬間にはよくわからないことが多いようです。もちろん、体験しながらも意味がはっきりわかる場合もありますし、言葉として把握できることもあります。「わかる」という感覚で把握できる場合もあります。そうであっても、解釈・判断は後ですることをおすすめします。

そもそも内的知覚の体験は解釈しないとわからないものなのです。表面的な意味と、深層の意味、何かと関連づけたときに初めて浮かび上がる意味、などなど単純ではありません。解釈には直感と理性を使いますが、幾層にも織り込まれた情報は、かめばかむほど味が出るスルメのようにこちらのアプローチ次第で滋味豊かな情報を与えてくれます。

セッション中の知覚は、私たちのその時点での受信能力によって限定されてしまいます。モンロー氏は、皆さん（文中では探険者と言っています）とガイド（文中では「その存在」）との交信におけるそうした制限を、次のように語っています。

四、探険者と会話する時に、その存在の語彙(ごい)は当の探険者自身の記憶庫(メモリー)にある範囲内に制限される。であるから、その存在はしばしば説明する必要のあることを言うために、正しい表現を探すのに戸

惑いを見せる。そして必要な言葉は往々にして探険者個人の記憶に存在しないことが多い。(『魂の体外旅行』P.78)

そうであれば、ものすごい体験や訳のわからない体験をしたとしても、早合点をしたり、がっかりしたりしないことです。ひとまず冷静に受け止める。その上で時間がかかってもいいから「わかるときにはわかるのだ」という楽観的なスタンスで記録を取っておくというのが良いでしょう。

⑧ 感謝する（Gratitude）既に受け取っていると感謝する

ヘミシンクの基礎では、ゲートウェイ・アファメーションを唱えた後に、心を込めて感謝の言葉を付け加えましょう、ということを学びます。

　　An attitude of gratitude creates a space for grace.
　　（感謝の気持ちは恵みの受け皿を創る）

という一文をゲートウェイ・ヴォエッジで知りました。この言葉をGoogleで検索すると、類似の表現がたくさん出てきます。英語圏ではなじみのある表現なのでしょう。モンロー研究所では、「水を飲みたがっている人が、流れる水をつかもうとして手を伸ばしても一向に水をつかめないが、両手をお皿のようにして掬えば水を飲むことができる。感謝の気持ちは両手で受け皿を作るようなものだ」と教わりました。

非物質の世界では、時間の前後はありません。この世の時間において、将来何らかの恵みを受け取ったとするならば、感謝をするのは当然ですが、時間の前後が関係なければ、すでに受け取ったものとして最初から感謝の気持ちを表現しておく。それがコツだと教わりました。

ガイドとの交信においても、未経験の段階から、「交信できてありがとう」「すてきなアドバイスをくれてありがとう」「とてもわかりやすいメッセージをくれてありがとう」などと、セッション開始と同時に、あるいは、セッションに入る前から、感謝の気持ちで臨むと良いです。効果抜群です。

⑨ メンタルツールを使う

メンタルツールには、Chapter2でご紹介した準備のプロセスに含ま

れるメンタルツールの他に、エナージー・バー・ツール（Energy Bar Tool、EBT）というものもあります。

　これは、大宇宙または非物質世界に充満している生命エネルギーをいったん自分の内に蓄えてから取り出して、自分が使いやすいようにさまざまな形にして使う道具です。はじめはエネルギーを棒状にします。リーボールでは、ＥＢＴを自分の体の周りに巡らせて球体を作った生命エネルギーを手にとって使いやすい形に変えたものだ、と考えていただいて結構です。光り輝くエネルギーを感じ、その光の赤や黄色や青などさまざまな色に変える練習もします。

　エナージー・バー・ツールをスターウォーズのライトセイバーのような光の剣にして、非物質界探索中に周囲を照らす明かりにしたり、どうしても開かないドアを切り裂いて開けたりするなど、想像力を駆使してどのようにも応用することができる便利な道具です。

　たとえば、次のような道具にして、ガイドとのコミュニケーションを取ることができます。

A）EBTをシンボルにして投げる

　こちらの質問をEBTにこめて、何らかのマーク、紋章、記号などのシンボルに変えてから非物質の空間に解き放ちます。ガイドや非物質の知的生命体が受け止めて返事を返してくれることをイメージします。

B）ブーメランにして投げる

　もっと具体的な道具に変えてメッセージをもらってくることもできます。たとえばEBTをブーメランにしてみます。ブーメランに手紙をつけて投げると、返事がついて戻ってくるというイメージをします。ある人は、ブーメランにして投げたら、投げ方が悪いせいか戻ってこなかったそうです。その直後、ガイドから「君は下手だからブーメランはやめなさい」と言われたそうです。言葉でコンタクトできたわけです。ブーメランが呼び水となって、実にうまく交信を始められた例です。

C）釣り竿で答えを引っかける

　釣り竿の糸の先にメッセージを引っかけて、遠くに投げます。そうして釣り糸をたぐり寄せると答えが来るイメージを持ちます。

D）霧がかかっていたらEBTで切り払う

　非物質世界を探索していたら、霧がかかっていてよく見えない、という時は、EBTを霧を払う剣に変えて、視界を切り開きます。また、真っ暗だと思ったら、ヘッドライトにして、正面を照らしてみましょう。

E）通信機器で交信する

　携帯電話、ファックス、パソコンのEメール、郵便ポスト、宅配便の段ボールなど、エナージー・バー・ツールを日常生活で見慣れたコミュニケーションツールにして、ガイドと会話してみてください。

　エナージー・バー・ツールを作り出すためのプロセスは、ゲートウェイ・エクスペリエンスＣＤ　Wave Ⅱ #5「エナージー・バー・ツール」で学んでください。

⑩ 自己を明け渡すわけではない

ガイドとの交信がうまくいきだすと、さまざまな情報がとれるようになってきます。ガイドの采配で、ヘミシンクでの体験が導かれていると感じることもあるでしょう。『ヘミシンク完全ガイドブック　Wave Ⅲ　フリーダム（自由）』（ハート出版）にも書かれていますが、ガイドからのメッセージがあまりにも明瞭なので、自分の行動をすべてガイドに尋ねないと判断できなくなってしまったり、「ガイドがそう言ったから」という理由で行動するようになってしまったりする方もいるようです。ヘミシンクは何かに対する依存状態をよしとしているのではありません。「あなたを変える決定ができるのはあなたをおいて他にいません」という、Wave Ⅱ「フォーカス12への入門」の冒頭のナレーションの通りです。Ｃ１の日常生活において判断し行動するのは、あくまでも自分です。

⑪ 焦らない

非物質の世界の体験は、最初、とても淡く感じられます。慣れてきたとしても、往々にして体験は全体としては淡く、その中にハッキリした体験が含まれるといったことが多いものです。全部が全部ハッキリくっきりし

ているとは限りません。いつでも変性意識状態になれるベテラン中のベテランともなれば話は別でしょうが、物質世界のように確固としていないのが非物質世界なのですから仕方ありません。

　慣れてきた人は、初めて聞いた頃の体験を思い出してください。何がフォーカス10なのか、よくとらえられなかったことと思います。印象を積み重ねるうちに、自分にとってのフォーカス10が何となくわかってきたと思いますが、それまでにも結構時間がかかっていたのではないでしょうか。あるいは、最初につかんだフォーカス10の印象と、現在のフォーカス10の印象が違ってきている、ということはないですか。

　先のレベルに行っても同じことです。初めて体験するフォーカスレベルは、経験が少ないので、こういうものだという把握がしづらいのです。あまりにわかりづらい場合はクリックアウトしてしまうほどです。これはどこまで行ってもつきまとうものだと思ったほうがいいです。すぐに理解できたり、探索できたりした場合は、ラッキーだと思ってどんどん体験を深めてください。そのかわりよくわからない、と感じて停滞しているようだとしても、それは誰にでも起こることなのだからと達観してとらえてください。焦ってもどうこうできるものではありません。かえって焦りが緊張を生むようでは悪循環です。「やがては自由に探索できるようになるのだ」と自分に言いきかせて、力まずにリラックスして、聴き続けていくことをおすすめします。

⑫ 記録する

　ヘミシンクのセミナーでは「どんな些細なことでも記録しましょう」と教えられます。ヘミシンクの体験は淡い情報であるからこそ、ほんの少しの走り書きでも記録を残していくと、自信につながります。記録しないと、忘れてしまいます。時がたち、体験を忘れても記録があれば、記録内容から思い出せたり、すくなくとも「自分が体験したのだ」という事実を確認したりできます。

　体験が些細なことのように思えたり、「取るに足らない体験だ」と感じたり、はたまた「日常的に考えていることが出てきただけだ」とがっかりしたりするのは、体験中やその直後だけです。後から見直してみたら、他のセッ

ションでも同じことを記録していたとか、意味が明瞭に把握されたということはざらにあります。ですから、記録をとり続けてみてください。その効果を実感できます。

セッション中にメモを取るのは、忘れないためだけでなく、集中力を増加させたり、眠ってしまうのを防止したりする効果もあります。せっかくガイドとコンタクトできたら、忘れてしまってはもったいないですね。記録しましょう。

いつ記録を取るべきか

　記録は、セッション直後に急いで書き留める、または、慣れてきたら、ヘミシンクを聴きながら、キーワードを書き留めていくという方法もあります。とにかく、淡い情報であり、夢と似ていて、覚えていられると思っても忘れてしまうことがあります。できれば、セッション後に、そのキーワードを言葉や絵などで補足しておくことです。後から体験を思い出すことができます。

　また、モンロー研究所では、ヘミシンクを聴きながら小型のカセットテープレコーダに体験を録音するということもしています。録音しなくても声を出しておくと、後から思い出しやすいということから、セッション中にただ声を出して独り言をつぶやくということもします。

　最近は性能の良いICレコーダもあるようですから試してみるといいでしょう。『宇宙への体外離脱』（邦訳は太陽出版刊）の著者である故ロザリンド・マックナイト女史は、まさにその著書のなかで、モンロー氏と体験中のやりとりを再録しています。声を出して話してしまうと目覚めてしまいそうですが、慣れれば大丈夫だということです。

　実は、セッション体験だけでなく、日常生活においても何らかの気付きを得た瞬間にICレコーダに音声のメモを取る、というのも良いですね。プロセス指向心理学のアーノルド・ミンデルさんは、セミナーの途中でも気づいたことをICレコーダにつぶやいて音声メモをとっていました。筆者の場合は、セッション中は話すよりも書いたほうが楽だと感じています。ただし、日常生活においては、歩きながら音声メモを取ったりしていたこともありま

す。いろいろな方法を試してみてください。

セッション中の記録の取り方

　セッション中に記録する方法をいくつかあげておきます。

A）腹の上にノートをおいて書く

　セッションは、基本的に横になって行ないますので、腹の上にノートを置いて書くというのが一般的です。

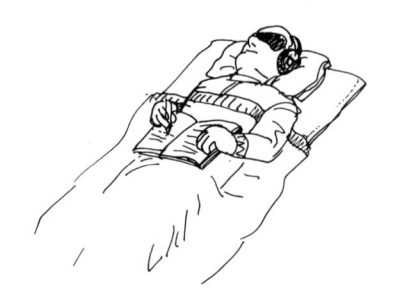

B）指をずらしながら書く（コツが要る）

　暗い中で、書く場合、ノートのページが見えないことがあります。そのときには手探りで書かないといけませんので、両手を使って、右利きの方の場合であれば、ページの端に左手の指を置き、そこから右手で文字を書き始めます。一行書いたら、左手の指を下におろします。また、左手の指のそばから、次の行を書いていきます。

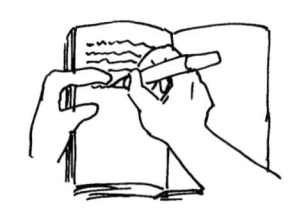

C）脇にノートを置く

　腹の上にノートを置くと、いつの間にか横にずれ落ちて、ノートが閉じてしまうこともあります。そうするとどのページを開いていたのか分からなく

なり、自宅であれば部屋を明るくするなどしなければならなくなります。それを防ぐために、右か左かどちらかの脇にノートをおいて書く場合もあります。

D）座って聴く、机で書く

ヘミシンクになれていて、横にならなくてもリラックスできて集中できるという方は、座ってメモを取っても良いでしょう。あぐらでも椅子に座るでもいいです

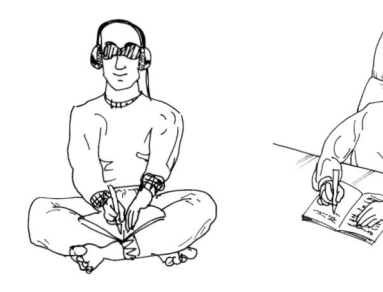

E）セッションの後半の時間にパソコンで入力する（マスの方法）

坂本政道さんの方法ですが、高いフォーカスレベルに行って、膨大な情報を得てしまうような場合、ヘミシンク・セッションの後半で、もと来たフォーカスレベルを下降して戻っていく時間を利用して、ヘッドフォンをつけたまま、パソコンを開いて、体験を思い出しながら入力するそうです。そうでもしないと、たくさんの体験を覚えていられなくなってしまうのだそうです。

F）余白をたっぷりとって記録する。余白にはカラーペンで清書する

　ノートはけちけちして使わないことをおすすめします。余白をたっぷり取って記録してください。体験が終わった後で、もう一度思い出して補足事項を書き入れることもできます。書き足す情報は色を変えるなどして区別してもいいですね。もったいないと思わずに大胆にノートを使いましょう。大事なのは、体験することであり、記録できることです。もったいないかどうかではありません。

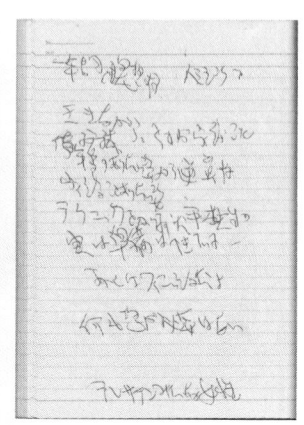

G）セッション後に記録する

　夢を記録するのと同じで、セッションが終了したら、記憶を呼び起こしながら心の中で反復してみてください。記憶の手がかりを心の中につくってから、おもむろに起き上がり、すぐにノートに記録します。このタイミングでＩＣレコーダに録音してもいいかもしれません。

　セッション後は、Ｃ１に焦点を当てているわけですが、思い出すに当たっては、体験したフォーカスレベルの感じを思い出そうとすると、体験自体も思い出しやすくなるようです。目を開けながら、フォーカスレベルは再び上昇していっているかもしれません。

　セッション中にキーワードなどを書いている場合も、時間がたちすぎるとそのキーワードの意味さえもわからなくなりますので、直後にキーワードを補足するように記録を取るのも良いです。

　順番通りに思い出せなくても、思い出せたものから書き留めていきましょ

う。後からさかのぼってもいいですし、本来の体験の順番を思い出したら、番号を振るなどしてみても良いです。なんなら後から清書してもいいのです。とにかく、思い出せるときに思い出して記録しておかないと、忘れてしまいかねませんので、要注意です。

　思い出しながら書く、またはセッション中に書く際にも、目は半眼に開く、薄目で顔をリラックスさせて書くと覚醒してしまわないで書くことができます。試してみてください。

ノートの失敗例（写真）文字が重なって読めない

　暗闇の中で記録して、行をずらして書くのに失敗すると文字が重なって読めません。また、ボールペンを仰向けになって書くとインクが出ませんので、セッション後体験記録を見ようとしたら白紙だったということになりかねません。注意してください。

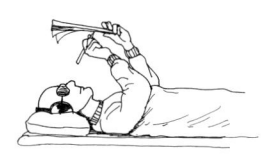

ボールペンは仰向けで書けませんので要注意!!
※ごく一部のペンには書けるタイプもあります。

この章のまとめ：体験を重ねながら試していきましょう

　ガイドとの交信のコツについて説明しました。一度にすべてを注意するのは難しいかもしれませんが、一回一回セッションを重ねるたびに、一つでもいいですので、試していってください。

　なお、ヘミシンク体験の記録については、Chapter 7でもう一度取り上げることにします。

Column:ヘミシンク体験の6フェイズと芸術表現

　ヘミシンクでは、名画のような風景、小説のような展開を体験することがあります。そこで芸術表現との間になにか共通点がないか考えてみましょう。まずは、筆者の「ヘミシンク体験の6フェイズ」を道具立てとして、「ある人が体験した後で、ノートに『家族の温かい笑顔を見た』と書くまでのプロセス」を見てみましょう。(段階、位相という意味でフェーズを使用)

◎ヘミシンク体験の6フェイズ（筆者の私見）

第1フェイズ：直感的把握（エネルギーへアクセスします）
　体験者はなんらかのエネルギーを直感的に把握します。

第2フェイズ：直感的解釈（エネルギーを直感的に解釈します）
　第1フェイズで直感的に把握したものを「愛のエネルギー」であると「直感的に解釈」します。エネルギーの「意味・内容を解きほぐして明らかにする」わけです。言語を使った論理的な解釈ではないので「直感的解釈」としています。
（※本書の本文ではこの「直感的解釈」も「解釈」という言葉で記述しています。）

第3フェイズ：内面的表現（直感的解釈と同時に内面的に表現します）
　「直感的解釈」に基づいて、そのエネルギーにふさわしい「内面的表現」（自分＝主観に向けた表現）を見つけ、「家族の笑顔」を選びます。第三者向けの客観的な「表現」ではないので「内面的表現」です。

第4フェイズ：主観的把握（内面的表現を主観的に把握します）
　「内面的表現」を「主観的」に「把握」します。体験を「見た」「聞いた」と、自分の視点（主観）から把握するので「主観的把握」です。

第5フェイズ：解釈（主観的に把握した内面的表現を解釈します）
　ヘミシンクを聴いている最中や後に、「家族の笑顔」にはどういう意味があるのだろうかと考えます。日常的な意味での「解釈」です。

第6フェイズ：表現（主観的に把握された内面的表現と解釈を表現します）
　セッション終了後、ノートに「家族の温かい笑顔を見た」と書きます。「内面的表現」の内容や「主観的把握」と「解釈」を客観的に（言葉や絵など物質的形式を取って第三者に示せる形で）表現します。日常的に使う「表

現」のことです。

　第1フェイズ（直感的把握）から第4フェイズ（主観的把握）までのプロセスはほとんど一瞬の出来事です。第5と第6のフェイズは事後処理ですので、それ以前のフェイズとは性質を異にします。
　では、ヘミシンク体験と広い意味での芸術表現とを比べてみましょう。芸術家も「表現」に至るまでは非物質のエネルギーを感じ取っているのかもしれません（第1～第5フェイズ）。その上で、日常世界で様々な物質的表現（第6フェイズ）をしており、その物質化の技術がアート（芸術）だと言うこともできるでしょう。ジャンルによって異なる手段と素材で表現をします。音楽であれば、音に表す。文芸であれば、言葉を選び、書き記す、などです。「温かい家族の笑顔」が現れたというヘミシンク体験は、上述の通り「内面的表現」です。芸術家であれば、物質的素材を使いますが、「内面的表現」の場合は非物質のエネルギー（情報・知識・感情・記憶・印象・経験の蓄積などのすべて）を素材として表現します。私たちは、非物質の体験をしているとき、あたかも即興劇のパフォーマーのように、瞬時に「直感的解釈」をし「内面的表現」をしているのです。
　第3と第6のフェイズは、非物質的な「内面的表現」か、物質的な「表現」か、という違いがあるだけで、第3フェイズ「内面的表現」は確実に第6フェイズ「表現」に影響を与えます。素晴らしい芸術表現をする人は、相応の「内面的表現」を体験しているのかもしれません。第6フェイズが稚拙でも、第3フェイズの「内面的表現」が素晴らしい、ということもあり得ます。その逆もあるとすれば両者には相互に影響を与えあう関係がありそうです。
　そう考えれば、ヘミシンクを聴き続けると、内面的表現をし続けることになるので、芸術的センスが磨かれる可能性は大きいと思います。少なくとも創作意欲が刺激されるということはあるようです。ヘミシンク・セミナー受講者の中には突然、絵の才能に目覚めたという方もいらっしゃいます。筆者も、もともとイラストを描くのは好きだったのですが、社会人になってからはあまり描かなくなっていました。ところが最近、イラストとか似顔絵をよく描くようになりました。（うまいかどうかは別ですよ。）

だからといって、「ヘミシンクを聴いて体験を得るためには、芸術的センスがないとダメなんだろうか」などと不安にならなくても結構です。私たちの人生は表現の連続です。人生そのものが芸術であり芸術作品だと言っても過言ではないと思います。

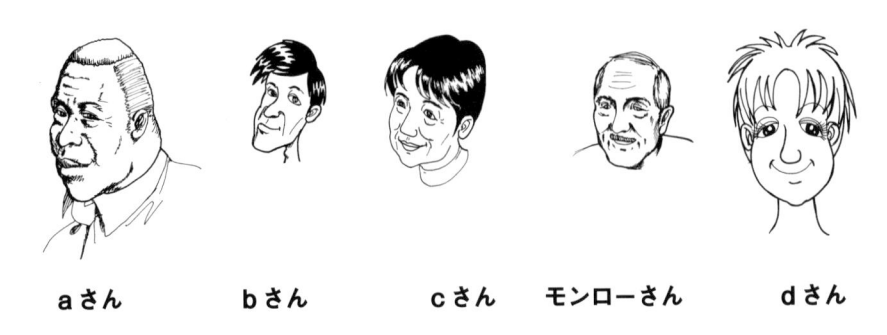

aさん　　　bさん　　　cさん　　モンローさん　　dさん

筆者が描いた「似顔絵」です。

Chapter 6　ヘミシンクでガイドと交信

　さまざまなコツがあることを理解していただきましたが、ここから先は、実際にヘミシンクのＣＤを使ったガイドとの交信に話を移していきます。何を聴こうか迷ってしまうほどたくさんあるヘミシンクＣＤの中から選りすぐりのヘミシンクＣＤを紹介しながら、ガイドとの交信に役立つ聴き方を案内します。

ヘミシンクのステップ

　私たちは、ヘミシンクのエクササイズを積み重ねることで、いくつかのステップを踏んで、螺旋状にレベルアップしていくのだと考えると良いでしょう。ＣＤを聴くにあたって、おおまかには次のステップをたどることを理解しておくと良いです。

①ヘミシンク音に慣れる

　後に説明する「ゲートウェイ・エクスペリエンス」の一番最初のセッション（WaveⅠの＃1）では、ヘミシンクの概論を学ぶことができます。まずは、ヘミシンクとはどういうものかを知るところから始まります。

②特定のフォーカスレベルを体験する

　「ゲートウェイ・エクスペリエンス」シリーズを順番に聞いていくと、必ず各フォーカスレベルの入門セッションがあります。初めて体験するフォーカスレベルでは、よく分からないために眠ってしまうこともあります。

③特定のフォーカスレベルでの知覚の働かせ方を学ぶ

　フォーカスレベルの特徴を学びながら、各フォーカスレベルでできることを体験していきます。フォーカス10でさえ、リラックスし、体外離脱やリモート・ビューイングなどさまざまなことができます。

④知覚を働かせて得た情報を覚えておく

　セッションを行なったら、まずは体験を覚えておきましょう。

⑤情報を記録する

先にも述べたように、体験を記録します。
⑥得た情報を解釈する
　体験を記録したら、それについて考えてみます。暫定的な解釈です。よく分からない場合は保留しておきます。後日その意味が分かることもあります。
⑦得た情報の解釈能力を上げていく
　ヘミシンクを聴き続けていくと、洞察力も高まっていくでしょう。解釈能力が上がるということも体験するでしょう。

　解釈能力を上げる、といっても明確な基準があるわけではありません。しかし、初めのうちは、早急に断定せず、今の段階では、こんなふうに解釈できる、として受け止めていくことが大事です。エクササイズを重ねていくことで、自分の解釈能力に変化が生まれていることに気づくかもしれません。また、スポーツや芸術とおなじように、日々の進歩は、微々たるもので気づけないかもしれません。それでもずっと続けていくと、ご自身の能力の変化に気づくことがあると思います。それを自ら体験していくのも、ヘミシンクエクササイズの醍醐味だといえるでしょう。
　「過信・妄信・卑下」しないことが重要だと申し上げておりますが、その一方で自分に対する信頼＝自信をもつことが大切です。バランスですね。

ヘミシンクＣＤの種類

　ヘミシンクのＣＤにはたくさんの種類があります。初めての方は、軽い気持ちで一枚聴いてみようと思って、メタミュージックを購入される方が多いようですね。筆者としては、最初に聴いていただきたいのは、やはり基礎を固めるために最適な「ゲートウェイ・エクスペリエンス」シリーズです。とは言うものの、ヘミシンクＣＤにはどんな種類があるのかを確認し、それぞれの特徴を理解した上で話を進めていきましょう。
　ヘミシンクのＣＤは大まかに分けて**４種類**あるとご理解ください。
（１）ゲートウェイ・エクスペリエンス
　モンロー研究所の「ゲートウェイ・ヴォエッジ」で学ぶ内容を自宅学習す

るためのCDで、ヘミシンクの基礎を学ぶのに最適なCDです。
（２）アルバムシリーズ
　目的に応じて、段階的に学べるようにセットされたCDシリーズです。
（３）シングルタイトル
　①マインドフード
　マインドフードは、目的に応じたエクササイズを収録したCDです。短時間で疲労をとってすっきりと目覚める「キャットナッパー」などがあります。
　②ヒューマンプラス
　人間の能力を高めるためのヘミシンクエクササイズです。
　③ハート・シンク
（４）メタミュージック
　メタミュージックは、瞑想や集中、リラクゼーションなどさまざまな目的に合った音楽にヘミシンク音をのせたものです。

　この分類を理解した上で、ご自分の目的に応じて、聴いていってください。初心者の方は、なんといってもゲートウェイ・エクスペリエンスの各種セッションで、能力を磨くエクササイズをされると良いと思います。個別のエクササイズについての解説は、芝根秀和著『ヘミシンク完全ガイドブック』シリーズが大変参考になります。このシリーズを片手に、個別のエクササイズを行なうと自宅でもセミナーを受けているのと同じように学ぶことができます。

　以下に、それぞれのCDセッションの中でも、特にガイドとの交信を行なうのに有益なものを取り上げて、紹介していきます。

（１）ゲートウェイ・エクスペリエンス
　これは、モンロー研究所の正式プログラムである「ゲートウェイ・ヴォエッジ」で学ぶ内容を自宅で学習できるように、と制作されたCDシリーズです。ヘミシンクを聴く際に最初に学ぶべきエクササイズがすべて入っています。
　エクササイズには、それぞれ目的があります。そして、どのフォーカスレ

ベルを主に探索するかが決まっています。

　セッションの流れは皆同じです。基本は「山に登って頂上を探索して降りてくる」というのと似ていて、C1から順を追って、フォーカスレベルを上げていき、そのセッションで最も高いフォーカスレベルでそれぞれの目的にあったエクササイズを行ないます。その後、来た道を戻るように順番にフォーカスレベルを下降していくという流れです。

　セッションとフォーカスレベルの関係は、『ヘミシンク入門』のP.16〜17に一覧がありますのでそちらをご覧ください。

　ゲートウェイ・エクスペリエンスCD付属の解説書には、CDセットの順番通りに聴き進めていくように書いてあります。その通りにしていただいても結構です。ただし、一巻目のWave Ⅰで、準備のプロセスに必要なメンタルツールとフォーカス10を体験し、Wave Ⅱでフォーカス12を体験した後は、お好きなCDセッションをしていただいても良いと言われています。このシリーズの他のエクササイズで、一通り、フォーカス21までのフォーカスレベルについて違いを感じたり、理解したりしていっても良いでしょう。また、メタミュージックを聴いて自由に探索していっていただいても良いと思います。もちろん、「ゲートウェイ・エクスペリエンス」シリーズと並行してマインドフードを聴いてみてもいいですし、「体外への旅」シリーズや「ゴーイング・ホーム」などを試してみても良いでしょう。

　ゲートウェイ・エクスペリエンスCDには、合計36のセッションが含まれていますが、強いて分類すれば、「ガイドとの交信系」「ヒーリング系」「体

外離脱系」「エネルギーコントロール系」「創造と具現化系」の5つ系統があるように思われます。ここでは、Wave Ⅱ ♯1「フォーカス12への入門」まででフォーカス12を聴いてこられた方を対象に、「ゲートウェイ・エクスペリエンス」シリーズのCDセッションの中から、特に「ガイドとの交信」に役立つセッションを抜き出して解説してみましょう。

F12　5つのメッセージ
＊ゲートウェイ・エクスペリエンス　Wave Ⅳ ♯2「5つのメッセージ」

　これは、『ヘミシンク入門』（P.46）でも取り上げられているセッションですが、F12という知覚が拡大した意識状態において、ガイドから自分にとって重要な5つのメッセージをもらうというセッションです。ここで学ぶのは、問いを投げかけて、待ち、やってきたメッセージを受け止めるという方法です。投げかけて、待って、受け止める。このパターンを練習するのです。

　ナレーションが「答えが意識の奥底であなたを待っています」「意識のすみずみまで問いかけてください」と言います。意識のすみずみまで。それは「小さな自己の意識のすみずみ」ではありません。「自分を大きく超え出た巨大な自己の意識のすみずみまで」ということです。広大な意識に向かって問いを投げかけるのです。

　ここでいう「問い」とは、特定の問題ではなく、「今、私にとって重要なメッセージは何ですか」という問いです。特定の問題に対する回答を得る方法は、後述する問題解決のCDセッションで学びます。

　問いを投げかけて、待って、受け止める。問いを投げかける時点ですでにF12ですので、知覚が拡大した状態です。待っているときも、F12ですので、ちらっと何かを感じたり、思い出したり、ふっとどこかの光景が見えたり、といったことが起こります。それをしっかりと受け止めましょう。受け止めながら、メモをとるようにしましょう。このセッションは約30分ですが、「この体験は絶対に忘れない」と思っても、セッション終了後にすっかりと忘れてしまうということが、よくあります。キーワードでも良いですし、ちょっとしたイラスト、似顔絵の断片のようなメモでも結構です。あとから思い出せるよう痕跡を残しておくのが良いです。

さらに、それが単なるメモだと考えて、後で清書することにしてメモを捨ててしまったりしないでください。ヘミシンク用のノートを用意して、メモを記録する。余白をたっぷりとって記録して、その余白に、違う色のペンで清書してはどうでしょうか。そうすると後から見てもすぐに思い出すことができます。

F12　5つの問い
＊ゲートウェイ・エクスペリエンス　Wave Ⅲ　＃4「5つの問い」

　このセッションは、フォーカス12で、5つの根本的な質問を投げかけ、ガイドからの答えを待って受け止める、というセッションです。5つの質問は、あらかじめ用意されており、ナレーションが語ってくれます。質問とは、次の5つです。

1. 私は誰か。
2. この物質的存在になる前には、私はどこの誰だったのか。
3. この物質的な世界に存在することの目的は何か。
4. その目的を達成するために、何をしたらよいか。
5. 今の段階において、私が受け取り、理解できる最も重要なメッセージは何か。

　このセッションでの筆者の体験を紹介しましょう。

Episode　まんじゅうを差し出す丸顔の少年

　ゲートウェイ・エクスペリエンスＣＤの「5つの問い」というセッションでした。これは、現在の自分の存在理由や、今生の自分の本来の姿は何であったのかなどの質問をガイドに投げかけ、その答えを受け止めるというものです。

　最後の質問は、現在の自分にとって最重要のメッセージをもらうというものでした。質問を投げかけて、答えを待っていましたら、映像が見えてきました。丸顔の小さな男の子が目の前にいます。左手には、10円まんじゅうのような茶色い皮にあんこの入った、小さなおまんじゅうを持っています。半分にちぎってあるので中のあんこはこちらに向いています。丸顔の男の子

は、笑顔で、左手を差し出し、こちらに渡してくれました。

　そういう映像を見たのです。セッションの直後その意味は何が何だかわかりませんでした。すこし解釈してみたら、半分にまんじゅうをちぎっているのだから、食べ物のように大事なものやエネルギーになるものを分かち合うという意味だろうかと思いました。その場ではそれで納得しました。

　その２日後、仕事をしている事務所で昼時に、同僚がパンを食べていました。その同僚はあんパンを食べていたのですが、食べきれないので半分あげよう、ということで、筆者にくれたのです。そのときに、あっと驚きました。まさに２日前に見たビジョンにそっくりだったのです。半分にちぎられたあんパンを同僚は左手に持って、こちらに差し出してきたその姿は、あの小さな男の子にそっくりの格好でした。ビジョンでは、10円まんじゅうほどの大きさでしたが、このときは、普通の大きさのあんパンで、皮はともに茶色いですが、あんパンは皮の断面は白かったという違いがあります。

「まさに２日後の風景を見てしまったかのようなビジョンが最重要メッセージだったということはどういう意味だろうか？」と思い、再度解釈してみました。

　分かち合うということの大事さを、もう一度現実世界でもメッセージとして受けた、と解釈できます。または、その相手と仕事上のコミュニケーション、経験の分かち合いをしなさい、ということかもしれません。

　さらには「ヘミシンクで見たビジョンはまやかしではない」という証拠を示してくれたのでしょうか。意味不明の映像であっても、あとから深い意味がわかることもあるのだという実例をくれたのかもしれません。または、まんじゅうを半分くれたのはガイドであって、ガイドと同じ存在は身の周りにいるのだ、誰もが自分にとってのガイドだ、というメッセージだったのかもしれません。

　さらに、丸顔の男の子については、別の解釈があります。スターラインズに参加したときに、セッション中に、今は亡き落語家の四代目三遊亭小圓遊さんに似た男の人が笑顔で出てきたことがあります。セッション中は「なんで落語家なんだ？」と不思議に思いました。丸い顔で頭の髪がほとんどないくらいの男性の姿。あとでホワイトカーペットルームに行ってくつろいでい

るときに、ふと目にした写真にびっくりしました。

　それはモンロー氏のモノクロ写真でした。その写真のモンロー氏とセッションに出てきた小圓遊さんに似た男の顔がそっくりだったのです。セッション中は気付かずに、モンロー氏と会っていたのかもしれない、と思いました。

　半分にちぎったまんじゅうをくれた笑顔の丸顔の男の子。ひょっとしたら、モンロー氏のエネルギーを感じ取ったために現れたのかもしれません。

　これらのうちどれか一つが正しい解釈なのでしょうか。または、解釈は一つしかあり得ないのでしょうか。新しい解釈が、ふと思い浮かんだとき、「あっ！　そうだったのか!!」という思いをします。きっと、すべてに意味があるのでしょう。現在の筆者は、いくつもの解釈が成り立つのが当たり前であり、自分にとって納得できる解釈がいくつもあったとしたら、それらすべてのメッセージが一つの体験に含まれていたのだろうと考えています。

F12　問題解決
＊ゲートウェイ・エクスペリエンス　Wave Ⅱ ＃２「問題解決」

　ヘミシンクを使って、F12で、あなたが解決したいと思っている問題をガイドと協力して解決の糸口を探してみましょう。

　F12という知覚が拡大した状態では、遠くの様子がわかったり、見えたり、聞こえたりするほか、ガイドからのメッセージを受けやすくなります。その状態で、あなたの意識の中心に質問を投げかけます。そして答えを待ってみてください。

　CDセッションでは、３回質問を投げかける機会がありますので、３つ課題を用意しておくと良いでしょう。自分でもハッキリと問題に焦点を当てるために、CDを聴く前に、問題をノートなどに書き出して整理する時間を設けるとなお効果的です。

　CDのナレーションが、「あなたの完全な意識の中にその問題を送り、明確な答えや解決策が返ってくるのを待ってください」と言います。「あなたの完全な意識」とは、あなたがあなたであると思っているそのあなたである

と同時に、あなたとつながるガイドやあなたを大きく包み込む巨大な自己、大いなる自己のことだと思っていただくと良いでしょう。

CDセッション中に、すぐに答えが返ってくることもあれば、まったくぴんとこないこともあります。そんな場合でも、がっかりする必要はありません。後になって、道を歩いているときやランチのとき、あるいはシャワーを浴びているときなどにふと答えがやってくることがあります。テレビをぼんやり見ていたら、テレビに映った人の言葉にヒントを見いだすということも起こります。

このCDセッションでは、一瞬で解決策を導き出す一息法についても紹介されています。

1. 深く息を吸い、
2. 「12」という数字を思い浮かべ、
3. 対象とする問題を思い浮かべる。
4. 息を吐くと同時に、「あなたという存在の出した最善の答えや解決策」を知ることができる。

というものです。

「あなたの全存在からの回答を引き出すこの方法は何度も行なううち、より簡単でより的確なものになるでしょう」というナレーションがあるとおり、F12の意識状態になって、意図することによって問題の解決策をつかむというエクササイズは、ヘミシンクを聴くときだけのことではなく、一息法を使って日常生活で応用することを勧めているのです。図らずも、日常で実践してしまった筆者の体験を次にご紹介します。それほど褒められた話ではないので、恥ずかしながら紹介させていただきます。

Episode　閉め出された。さあ大変!!

近頃の企業では、情報セキュリティの管理を厳しくする傾向にあります。筆者の職場も例に漏れず、ドアの開閉はIDカードがなければできません。入退室用のIDカードとは別に、共用セキュリティ・カードというのもあります。これはその日の最終退室者がオフィス全体を施錠して、警備会社の監視を開始するためのカードです。オフィスの外側の廊下の壁に備え付けられ

た鋳物製小型ボックスの中に1枚入っています。最終退室者は、ボックスのテンキーで暗証番号を押して共用セキュリティ・カードを取り出し、カードリーダーに読み取らせることで施錠します。オフィス全体を施錠したら、ボックス上部のスリットからカードを入れて、ボックスに収納します。

　ある日の深夜、事務所に残って残業をしておりました。IDカードでドアを出て廊下にあるトイレに行きました。トイレから戻ってIDカードをカード読み取り機にかざすと、エラーになりました。どうしたことでしょう。何度かざしても同じことです。ドアが開きません。どうも、筆者が事務所内に残っていることに気づかずに、誰かが共用セキュリティ・カードで施錠してしまったようなのです。

　筆者は、荷物も携帯電話もすべて事務所においたまま、閉め出されてしまいました。廊下の壁には、堅牢な小型ボックスの中に共用セキュリティ・カードが入っています。そのボックスを開けるためには暗証番号が必要でした。筆者も番号は教わっていたのですが、ノートに書いたのは覚えているものの、暗証番号自体を思い出せません。既に帰宅しているであろう同僚に電話しようと思いきや、携帯電話は事務所の中です。万事休す。警備会社に連絡を取ろうか、と考え始めました。

　IDカードの認証機械には、警備会社への連絡先電話番号があります。その時間帯では呼び出したら有料だと書いてあります。やっかいなことになりました。その廊下の先にあるエレベーターホールには受付用の電話があるのでそれで電話しようとしました。ところがその電話には外線電話の機能がなく、警備会社を呼べないことがわかりました。

　心理的にパニックになりそうになりながら、またドアのところに戻りました。落ち着こうとしました。そのときに、「こんなとき、ヘミシンクのトレーナーなら一息法で解決策を思いつくんだろうなあ」と心の中でつぶやきました。「冗談じゃない。そもそも私がトレーナーじゃないか」と自分に突っ込みを入れました。そうです。一息法をやる良いチャンスではありませんか。そこで、大きく息を吸い、このセキュリティを解除する方法を教えて欲しい、と問題を設定し、息を吐きました。

　するとどうでしょう。先ほどは暗証番号を思い出せずにびくともしなかっ

た黒くて堅牢な小型ボックスが目に入りました。カードを入れるスリットに白い線が見えました。
「？」
　近寄ってみました。スリットに見えた白い線は、なんとセキュリティ・カードです。さっきはまったく見えませんでしたが、カードの端がスリットのぎりぎりのところに見えています。ボックスのふたを開けずにスリットからカードが取れそうなのです。細いスリットですから指とかボールペンは入りません。筆者は首から提げた名札ケースのプラスチック部分をスリットに入れました。そして、セキュリティ・カードに密着させて引き上げました。少し出てきました。「やった！」心の中で叫びました。徐々に引き上げることができ、無事、セキュリティ・カードを取り出すことができました。今までのうろたえぶりが嘘のように、すんなりとドアが開き、事務所に入ることができました。
　後日、同僚に話をしたら、カードがそのような状態にあることは見たことがないということでした。元来、小型ボックスはカードの大きさよりも深くできているので、スリットから入れたら中は見えないし、スリットに顔を出していることなどあり得ないということでした。何かが起こったのか、それともたまたまだったのかわかりませんが、一息法の後に見たら、スリットからカードの白い縁が見えたということだけは事実です。これが一息法で問題解決をした筆者の体験です。ガイドに感謝の念を送ったのは言うまでもありません。

F12　ガイドとの非言語交信

　ゲートウェイ・エクスペリエンスCD　Wave Ⅳには、「非言語交信Ⅰ」「非言語交信Ⅱ」「交信ポイント12」という3つのエクササイズがあります。ガイドとの交信を始めて、よくわからない映像を見たり、こちらの質問をうまく渡せていないのではないかと不安になったりした方は、言語的なメッセージを非言語に変換してコミュニケーションをとる方法を学んでみることをおすすめします。そのために最適なエクササイズです。
　この3つのエクササイズは、ガイドと交信するにあたって、非言語的コミュ

ニケーションの方法を学ぶセッションです。3つのセッションで、段階的に学んでいきます。モンロー氏は、実験を重ねて把握したキーポイントを次のように書いています。

> 私自身の個人的体験の全て、実験室での私たちの研究、そして何千というゲートウェイの実験を総括すると、物質的宇宙または他のエネルギーシステムに存在する知的生命の種の全ては全面的に、確実に非言語のコミュニケーションの形態を採用することが示されている。私たちとコミュニケーションする際言葉が使われる場合は、私たちが少なくとも部分的にも彼らのことが理解できるように、狭い周波数帯できちんとチューニングしたからである。この点に関しては、強調しすぎることはない。他の全ての知的生命体の種は私たちが非言語的コミュニケーション（NVC）と呼ぶものを使うのである。（『魂の体外旅行』P.111）

　ガイドと交信する技術を磨くのに、これら3つのCDセッションは有効です。

＊ゲートウェイ・エクスペリエンス　Wave Ⅳ ＃4「非言語交信Ⅰ」
「非言語交信Ⅰ」では、文字や言葉を使わずに情報全体を交換する方法、非言語交信を学びます。画像、形、運動、色彩によってエネルギーの放射、振動、感情などをあなたの心の全体、あなたの全体で感じ取ります。非言語交信のスピード、力、正確さを確認するために、いくつかの言葉を具体的に思い描くという練習をします。
　たとえば、「グラス」という言葉を思い浮かべると、メガネのグラスもあれば、飲み物を注ぐグラスもあります。イメージを正確に伝えるためには、言葉による描写は完璧とはなりえません。しかし非言語交信では、思い描いたモノそれ自体を送りあうことができます。このセッションは普遍的なコミュニケーションに向けた最初の一歩です。ここでは、言語的な情報を別の形式に変換する練習をします。

まず、頭の中で自分の手を見てみるということをします。イメージそのものを思い出したり消したりしてみます。

その次、言葉を提示されて、「オン」と言われたらその言葉を非言語に置き換えます。そして「オフ」と言われたら、その非言語イメージを消します。ジェスチャーをするような気分でパントマイムをするイメージを持ったり、言葉の意味を絵に置き換えたり、象徴するモノに置き換えたりしてみるといいでしょう。ナレーションの声が、次々と言葉を言いますから、「オン」という合図で、その言葉を非言語に置き換えてください。

「あなたの顔」「あなたの足先」「時計」「三角形」「ピラミッド」「円」などなど。

それから、F12へ移行して、非言語を使った交信をします。

＊ゲートウェイ・エクスペリエンス　Wave Ⅳ ＃5「非言語交信Ⅱ」

「非言語交信Ⅱ」では、「走る犬」「飛び跳ねるウサギ」などの具体的なモノの動きを非言語に置き換える練習をし、だんだんと「理解」「受諾」「拒絶」などの抽象的な概念を非言語に置き換える練習をします。その後、F12に移行して実際に非言語でガイドと交信をします。

自分が伝えたい言葉や概念を非言語で思い浮かべてみてください。そしてそれを、ガイドに向けて投げかけます。ガイドから返って来た情報を捕まえてください。そうやって交信のキャッチボールを行ないます。

＊ゲートウェイ・エクスペリエンス　Wave Ⅳ ＃6「交信ポイント12」

「交信ポイント12」は、会話開始の挨拶文を非言語で投げかけたあとに、非言語の会話を自分で行ないます。会話の終わりには、別れの挨拶文を非言語の会話に置き換え、会話を終えるというセッションです。会話に入る前に、いくつかの抽象的な言語を非言語に置き換えて投げかける練習をします。この助走期間を経て、ガイドとの非言語交信を練習します。今回は非言語交信の見本です。

ガイダンスが提示する単語を非言語に置き換えてガイドに対して投げかけていきます。

＜開始の挨拶＞
「穏やか」　　　私は穏やかな気持ちです。投げかけて反応を受け止めます。
「興味」　　　　「興味があります」ということをガイドに伝えて反応を受け止めます。
「援助」　　　　「ガイドの援助を」という概念を送り、反応を受け止めます。
「熱望」　　　　「熱望している」という気持ちを送り、反応を受け止めます。
「こんにちは」　ガイドに対する挨拶を伝えて、反応を受け止めます。
「ようこそ」　　歓迎の気持ちを伝えて、反応を受け止めます。

　ここまでが非言語交信のガイドとの会話の導入部分です。それ以降は、これまでの要領を参考にして、自由に非言語交信をしていけばいいのです。
　しばらくフリーフローのように交信をしたあとに、再びナレーションが聞こえてきます。手紙で言えば結びの言葉にあたるものを非言語にてガイドに投げかけます。

＜終了の挨拶＞
「そろそろ失礼します」　非言語にして投げかけます。
「さようなら」　　　　　非言語にして投げかけます。
「ありがとう」
　その後、F12からF10へ移行し、カウントダウンしてC1に戻ります。

F12　直感の発見・直感の探求
＊ゲートウェイ・エクスペリエンス Wave V ♯2「直感の発見」

　このセッションでは、重要なことが示唆されています。直感を感じたり、閃いたりしたときのことや虫の知らせを感じたときのことを思い出し、その感じをよく把握せよと言うのです。それはその人自身にしかわからない特別な感覚を思い出すのです。学生時代に論文を書いていたとき、ふと着想が湧いてきた、あの感覚。パズルを解いていたら、全然わからなかったが解答が浮かんできたあの感覚。「何が描かれているか考えてください」と、一つの絵を見せられて考えていたとします。白黒斑点だらけの画像を見続けていたら、「実は牛の姿だ！」と気づいた瞬間の感覚（茂木健一郎さん言うところのアハ体験）。人と話していて、何を考えているのかなぜかわかってしまっ

たあの瞬間の感覚。なぜか胸騒ぎをして親族のことを思い出したら、電話が来たあの時の感覚。

　人によってさまざまですが、そのような体験があればそれを思い出して、その感じをしっかりと把握することをします。

　次に、その具体的な要素を薄れさせていきます。つまり、直感を得たその日の天気だとか、状況など具体的で個別の要素を薄れさせていき、純粋な直感体験に昇華させていきます。それが、自分に固有な体験であり、シグナルなのです。直感はあなたに備わった特有の力なのです。

　一息法についても教えてくれます。息を吸い、特別な感覚を思い出し、「プラス知る、プラス知る」そして息を吐けば、どのような状況でも五感を超えた知覚が可能になります。どのようなことについても知りたいことを知ることができます。

　何度もそれを繰り返すと、今度はヘミシンクを聴かなくても一息で、直感を利用することができるというセッションです。直感はどこから来るでしょうか？　もちろん、ガイドを含む大いなる自己からなのです。偶然などではなく、意識の奥底からのメッセージを受け取ることが、直感が働くということなのです。

＊ゲートウェイ・エクスペリエンス　Wave V ＃3「直感の探求」

　このセッションでは、F12での直感力をさらに高めていきます。直感的存在としての自分をもっとよく理解したいという意志を表明し、直感の源とつながります。直感の源とは、これまでに述べてきたトータル・セルフの知の源泉と思っていただければ結構です。

　自分がガイドとつながり、直感の源泉ともつながった、いわば「直感的存在としての自分」という認識。このように考え、理解するのに妨げになる考え方や障害がないでしょうか。そのような障害は、ガイドとつながって探求しようとする私たちには必要ありません。

　この不要な障害などを見つけ出し、それらからのとらわれを解放します。この一連の作業をガイドの協力を仰ぎながら行ないます。ガイドからの協力を得るには、意思表示することが大事です。リリースとリチャージ（ゲート

ウェイ・エクスペリエンスCD WaveⅠ#4「リリースとリチャージ」のセッションで学びます。『ヘミシンク入門』P.40を参照願います）と同じように、自分の直感を妨げる固定観念を一つひとつ解放し、上のほうへ遠ざけていきます。妨げる観念は具体的に思い描かなくても結構です。おおまかに妨げている観念とひとくくりにして解放してください。

　セッションの最後のほうでは、ナレーションで次のような意味のことが語られます。ガイドとの交信という観点から、ここに書き直してみます。

「自分と直感の源（ガイドやトータルセルフ）との関係、自分に固有の直感の現れ方（自分だけが経験している、あの感覚）を完全に理解したいと意思表示します。自分の聡明な部分（ガイドやトータルセルフ）と交信し、答えを引き出します。自分にとって必要で重要な情報を引き出します。

　何度もエクササイズすることでガイドとコンタクトする能力を高めていくことができます」

　ガイドとの交信を直感的に行なえるように、何度もエクササイズしてみてください。

F15　創造と具現化
＊ゲートウェイ・エクスペリエンス　Wave Ⅴ ＃5「創造と具現化」

　ガイドと交信もできるようになった。助けてもくれているのがわかる。それでは、次に何をするか？　ガイドに協力を求めて、ともに明るい明日を作っていきたいと思った方は、このセッションに取り組んでみてください。ここで学ぶことは、人生設計をするためにも欠かせないものになるかもしれません。

　このCDセッションではF15の意識状態で、創造性の源にアクセスします。創造性の源にアクセスすることで、実現したい未来を設定することができます。未来を設定することによって現在の願望を実現することができるのです。CDのナレーションでは、次のような言葉が語られます。

「あなたが人生の中で『創造したい。具現化したい』と思うことはすべて可能です。ご自分の願いや、人生で必要なことに集中してください。心を開きそれを受け入れてください。それを探求してください」

私たちの希望の実現を後押ししてくれるのが、私たちのガイドであり、大いなる自己、トータル・セルフだと考えてください。小さな私が実行し願望を実現するのではなく、大いなる自己、トータル・セルフとつながって、ガイドからの支援を受けて実現させていく、というイメージです。そのため、より本質的な願望であればあるほど、ガイドからの支援を受けやすくなると考えられています。

　CDセッションでは、F15の状態が長く続きます。セッションに入る前に、設定したい状況を考えておき、F15の状態で未来の設定を行ないます。

　設定したい未来の状況は、できればノートなどに箇条書きにしておきましょう。F15の状態に入ったらガイドに向かって、その設定したい状況が実現した姿をありありと思い描きます。F15は創造のエネルギーが詰まった場でもあるので、その思いが将来実現します。

　さらに今後、日常生活において何かを創造したり、具現化したりしたいと思ったときには、CDがなくても一息法で創造・具現化することができます。息を吸い、F15の創造のエネルギーから受けた感覚を思い起こし、「プラス創造。プラス具現化」と言って息を吐き出せば、実現に向かって現実が動き始めます。何度も日常生活で練習することで、CDを聴かなくても創造と具現化ができるようになります。

　このほか、生活の行動パターンを意のままに変えていきたいという場合は、次の２つのエクササイズに取り組まれるとさらにガイドと共に人生を形作っていけるでしょう。

＊ゲートウェイ・エクスペリエンス WaveⅡ＃3「向こう1ヶ月間のパターン化」
＊ゲートウェイ・エクスペリエンス WaveⅣ＃1「向こう１年間のパターン化」

F12　非物質の友人
＊ゲートウェイ・エクスペリエンス　WaveⅥ＃4「非物質の友人」

　まさに、ガイドとの交信をテーマにしたセッションです。ゲートウェイ・エクスペリエンスCD　WaveⅥ＃4「非物質の友人」を使います。このセッションは、ゲートウェイ・エクスペリエンスCDの最終巻ということもあり、総仕上げの直前といったところです。F21への準備セッションでもありま

す。
　準備のプロセスを経て、F12へ移行します。「4人のガイドに援助を求めてください」
　彼らは、2人ずつやってくる。あなたの両側の存在を感じてください、と言われます。ガイドの存在を感じてから、F12のフリーフロー（自由探索）を行ないます。ガイドとのつながりを強めて、探索したい方は、このセッションを何度もやってコツをつかんでください。自分なりに理解が深まったら、他のセッションでもガイドを実感できることと思います。

F12　フリーフロー
＊ゲートウェイ・エクスペリエンス　Wave Ⅳ ＃3「フリーフロー12」
『ヘミシンク入門』P.46でも取り上げられているセッションです。準備のプロセスを終えてフォーカス12に移行してから、ナレーションのない時間が長めに取られてありますので、フォーカス12の状態をじっくり探索することができます。
　他のF12のエクササイズで行なったことを復習しても良いですし、自由にガイドと交信するのでも良いです。

＊ゲートウェイ・エクスペリエンス　Wave Ⅴ ＃1「フォーカス12上級」
　このセッションは、フォーカス12での探求をさらに深めるための基礎を作るセッションで、基本的にはフリーフローです。これまでに学んだテクニックの復習をしても良く、自由に探求することができます。

Episode　質問に答えてくれる。未来の情報をくれることもある

　ライフラインに参加したときに、このフリーフロー12を使って、質問を投げかけるということを行ないました。そのときの筆者の体験を紹介します。
　F12はガイドに質問をしたりメッセージを受け取ったりするのに適しているということから、2007年4月にライフラインを受講した時に、F12を復習するセッションがありました。自由に質問を設定しましょうということ

で、筆者は2つの質問をしました。
　1つ目は、ライフラインを受講する真の目的は何か。2つ目は、ハワイのカフナの教えを学ぼうとしている筆者の真の目的は何か。
　F12のフリーフローの時に、まず1つ目の質問を紙に書いて投げました。すると、直前に亡くなった親戚のおじさんに、もう苦しまなくてもいいんですよと声をかけるため、という答えが返ってきました。そして、その後、山沿いに線路が走っているのが見え、そのそばに家やビルが建っている風景が見えました。「線路は続くよ、どこまでも」という歌声が聞こえるとともに、家を建てる、という概念が見いだされました。家は生活の基礎であり、建てるとはbuildで、次第に、「どこまでも続く道の基礎をbuild作るのだ」というメッセージが浮かび上がってきました。亡くなった親戚のレトリーバルと、ヘミシンクの基礎を作るためにライフラインを受けに来たのだというメッセージが理解されました。
　2つ目の質問については、言葉がどんどん湧き上がってきました。「おまえが興味のあることはとことんやればいいのだ。次にカフナの流行がある。しかしそれに乗ろうが乗るまいがどうでも良いのだ。おまえに必要なことをやれば良いのだ」というメッセージを受けました。
　その1年後、ホ・オポノポノが流行し始めたときに、このときのことを思い出しましたが、F12の状態で未来の情報を得ていたのだと気づきました。

F21　ブリッジカフェ
＊ゲートウェイ・エクスペリエンス　Wave Ⅵ ＃6「フリーフローの旅」

　ここでは、フリーフローF21のCDセッションを使います。F21に移行してから、自由に探索する時間が設けられています。
　フォーカス21は、この世とあの世との境界を体験できる意識状態で、その状態自身が架け橋の状態（ブリッジ・ステイト）と呼ばれています。この状態では、川が認識されたり、橋が認識されたりします。ここで、モンロー研究所の体験者が集まる場所がブリッジカフェです。テーブルや椅子が並べられていて、カウンターがあったり、人がくつろいでいたりバーテンダー、カフェのマスターなどを認識されることがよくあります。

非物質界探索においてＦ21のブリッジカフェは、たくさんの人が探索で訪れているので、どうも創造の力が何度も重ねられて実態感のある存在に成長しているようです。これを足がかりとして、ガイドに現れてもらいましょう。一緒にコーヒーを飲むというのもいいです。椅子に座っておしゃべりしてみてください。

（２）アルバムシリーズ
＊ゴーイング・ホーム（患者用）
　このＣＤ７枚、11のエクササイズの入った「ゴーイング・ホーム」は、不治の病または怪我で、快方に向かう可能性がない最終段階にある方のために開発されたヘミシンクＣＤシリーズです。患者の方が経験する死に対する恐怖を大幅に軽減する効果がある、と言われています。
　フォーカス10から27までを体験できる唯一の市販ＣＤシリーズであり、モンロー研究所の公式プログラム「ライフライン」をもとに作られました。フォーカス21以降の各フォーカスレベルを順番に見ていったり、フォーカス27を探索したりするなど、とても興味深いエクササイズが入っています。「ゴーイング・ホーム」を含めて、フォーカス27までの領域の探索とガイドとの交信や亡くなった方の救出活動（レトリーバル）については、それだけで一冊になってしまいますので、別の機会に譲り、ここでは詳述しません。
　興味のある方は、フォーカス27を体験できるセミナーへ参加したり、坂本政道さんの『死後体験』シリーズや、ブルース・モーエンさんの『死後探索』シリーズ、あるいは『死後探索マニュアル』などを読んだりして、ガイドとの交信に役立ててください。

＊体外への旅──サポート用 Hemi-Sync シリーズ
　モンロー氏の『体外への旅』で述べられている体外離脱状態を体験するためのＣＤです。詳しくは、『ヘミシンク入門』Chapter10、P.75をご参照ください。

* **Hemi-Syncによる創造性開発（クリエイティブ・ウェイ）**

　これはアーティストでありモンロー研究所のレジデンシャル・ファシリテーターでもあるパティ・レイ・アヴァロンという女性によって制作されたセッションＣＤセットです。計８つのセッションが収められています。日本語版が2009年に発売され、まさにタイトル通り、ヘミシンクによって自己の内なる創造性を開発しようというものです。ギリシア神話に出てくる女神のエネルギーにつながるセッションや、インナー・クリエイター（内なる創造者）と結びつくセッション、そして創造性を阻害するものを取り除くセッション、などが含まれています。

　ガイドとの交信によって自らの創造性を開発してみませんか。

（３）シングルタイトル

　ヘミシンクの基本を学ぶには、（１）で紹介したゲートウェイ・エクスペリエンスＣＤのシリーズが最適です。基本を学びながら、他のＣＤも利用して、飽きずに聴き続けていくことが大事です。

　シングルタイトルには、３種類あります。

①マインドフード

　ここでは、ガイドとの交信に役立つＣＤをいくつかご紹介します。

　２日間でヘミシンクの基礎を学ぶエクスカージョン・コースでは、Ｆ12を学ぶ２日目に、「クォンタム・セルフ」というＣＤセッションがあります。これは、ナレーションによるガイダンスによって、イメージをつくりながら、自分のトータル・セルフ、ガイドと交信をします。このセッションのＣＤは市販されていませんので、セミナーでしか聴くことができません。

　しかし同様の主旨で聴くことのできるＣＤがあります。それが「ザ・ビジット」と「ザ・モーメント・オブ・レバレーション」です。

　この２つのセッションは、音声ガイダンスがその流れを誘導してくれるというところが特徴です。音声ガイダンスの後ろには、もちろんヘミシンク音が流れているのですが、言葉によって、聴く人の能動的な想像を導いてくれるのです。どちらも実際に聴いていただくのが一番です。

＊ザ・ビジット（マインドフード）
　音声ガイダンスに従って、川のせらぎの音を聴きながら川沿いを源流にさかのぼって行く。そして扉をくぐり、時間を超えた領域に入ると、あなたを心から愛するものたちが待っています。そこで出会えるのがガイドである可能性が高いです。ガイドではなく別の知的生命体である場合もありますし、こちらが指定してバシャールと会うということもできるかもしれません。ガイドとの交信を目的にして、このＣＤを聴けばきっとガイドと交信できるでしょう。

＊ザ・モーメント・オブ・レバレーション（マインドフード）
　ナレーションのガイダンスに従って、イメージを作ってください。視覚的に捉えられなくても結構です。ガイダンス通りにことが進行しているつもりになってください。
　啓示、つまりメッセージが待つ場へとつながる螺旋階段を登るよう指示されます。それは天空の雲につながっています。螺旋状に登りながら７段（７階層分)登り終えると、雲にたどり着きます。(ここで注意点を申し上げます。ＣＤの日本語ナレーションでは、「一段登る」と表現しますが、たとえば１階から２階に行く途中の階段を１階分だけ登るとイメージしてください。要は螺旋階段を登っているのですから、階段を登ると螺旋状に一回りしながら上昇し、１階分の螺旋階段を登りきることができるというわけです）雲の色が変化していき、ついに啓示の場が開示されます。そこで、しばらく体験した後で、雲の色が変化して元の白い雲に戻ります。それから螺旋階段を７段（７階層分）降りていき、心身共に目覚めます。そして受けた啓示は心に刻み込まれていること、そして次の言葉を自分と自分のすべてに向かって語りかけるよう指示されます。
「自分には今体験したことの価値がわかる。この知恵を有益に活かそう。欲張りになったり、他人に何かを押しつけたりするのでなく、自分を築き上げたものへ、それを還元しよう」
　還元する先は私たちの源（ソース）です。そこはI/ThereでありI/Thereクラスターであり、ガイドを含む巨大な自己です。私たちの体験を、私たち

のトータルセルフに還元するのです。

*ヘミシンク・メディテーション（マインドフード）
　ヘミシンクを用いて高次の意識状態を見出し、探求してください。あなたを徐々に深いリラクゼーションへと導きます。内面へと向かい、あなたの高次の側面につながりましょう。このＣＤにはナレーションも音楽も一切入っておらず、ヘミシンク音だけが入っています。音量を上げても、シューッというようなノイズのようなヘミシンク音しか聞こえません。そのため「余計な演出やナレーションは不要で、自分で思う存分探索したい」という人にはうってつけです。

*コンセントレーション（マインドフード）
　音声ガイダンスはなく、集中状態をつくりだすヘミシンク音しか入っていないＣＤです。もちろん、集中用ですので仕事や勉強など集中を必要とすることをするときに効果を発揮します。音声ガイダンスがないですが、準備のプロセスを行なって、ガイドからの援助を求めてから仕事などに取りかかると良いでしょう。
　仕事中にこのＣＤを聴きながらパソコンを打っていたことがあります。ＣＤをエンドレスでかけていたのですが、仕事の一区切りがついて気がついたら、疲れも知らず２時間ぶっ通しでパソコンを打っていたことに気付きました。まさにガイドがエネルギーを支えてくれたのかもしれません。筆者一押しのＣＤです。

*エンジェル・パラダイス（メタミュージック）
　大人気のメタミュージックです。アクアヴィジョン・アカデミーの一日コースのセミナーで開始前のひととき、ミーティング・ルームでかけることもよくあります。
　リラックスできて、ゆったりと変性意識に入っていけます。
　あるセミナーで、自分の半生をひたすら振り返って書き出す（まさに、半生を反省する）という作業をしたことがありますが、そこで、このエンジェ

ル・パラダイスを流してみました。参加者は、じっくりと自分と向き合うことができたようです。

*インナージャーニー（メタミュージック）

　瞑想用に最適だと言われています。繰り返されるリズムは、深い呼吸をするリズムにも合っているようで、呼吸法を試しながら意識を集中していくのにも役立ちます。呼吸に合わせて体の各部をリラックスさせることもできます。

　そこから、数を数えたり、一息法を使ったりして、フォーカスレベルを上げていけば、自由なガイドとのコミュニケーションに移行することができるでしょう。

（4）その他の方法
*体験セミナーに参加する

　モンロー研究所で開発されたヘミシンクを日本人が学ぶためには、以前であればアメリカに渡りヴァージニア州のモンロー研究所に行く必要がありました。しかもレクチャーは英語で行なわれるので、英語に堪能でなければなりませんでした。

　現在では、アクアヴィジョン・アカデミーの日本人対象モンロー研究所ツアーがありますし、国内でもモンロー研究所の正規プログラムを日本語で受ける環境が整ってきています。さらには、国内のモンロー研究所公認アウトリーチ・ファシリテーターによるセミナーやアクアヴィジョン・アカデミーのセミナーがありますので、初めてのヘミシンク体験やその先のヘミシンク体験を国内で学んでいくことができるようになりました。

　ガイドとの交信についての理解を深めるためには、生活の中にヘミシンクを取り入れて、日常的に聴いていくことが一番大事です。そしてその体験をさらに加速させたり、深めたりするために、上記の各種セミナーに参加することはとても有益なことだと考えます。筆者も、モンロー研究所の正規プログラムに参加するたびに、ヘミシンクと自己について理解を深めることができたと実感しています。

この章のまとめ：慌てず焦らず

　歩むスピードは、人それぞれです。急ぐ必要もないし、慌てる必要もありません。ご自分の胸に問いかけて、学んでいくといいと思います。参考まで以下に、アクアヴィジョン・アカデミーのセミナーとフォーカスレベルの相関図を掲げておきます。

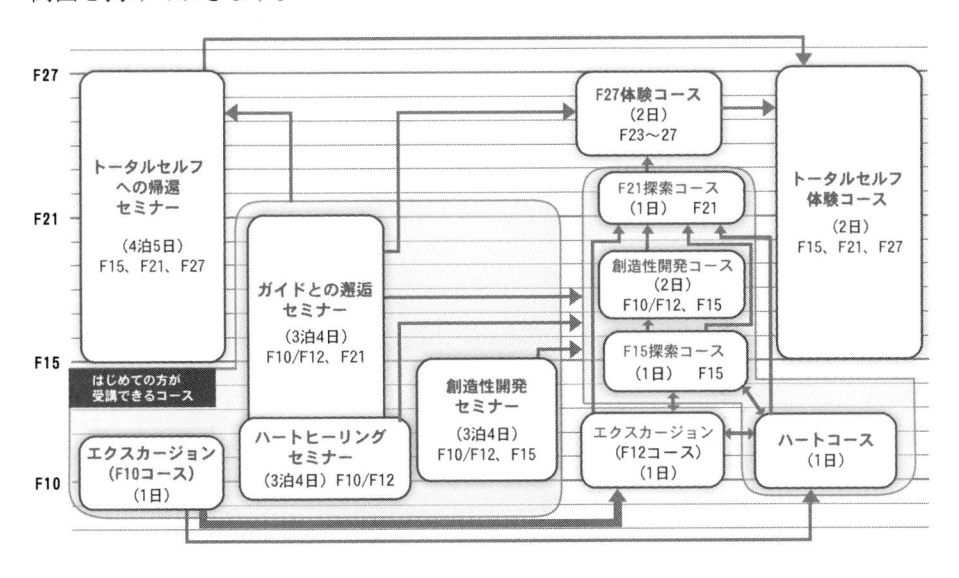

Column：意味の多重性

　ヘミシンクで得た体験の意味は、解釈するアプローチの数だけ理解は深まるといえます。これと同様に、人生からもたくさんのメッセージを引き出すことができるのだ、とは言えないでしょうか。

　文芸作品や映画などは、見る人によって解釈や感じ方が異なり、それを読んだり観たりする年齢・時期・環境によっても変わってきます。変性意識におけるヘミシンクの体験も、その体験を解釈し吟味する時期によって、理解や解釈が変わってくる可能性があるということです。

　実は、私たちの日常生活における体験も同じように、それをいつ、どこで体験するかによって理解や解釈が変わってきます。人生における出来事も、「いくつかの解釈のうちでどれか一つが正しくて、それ以外はすべて間違いだ」と考えるよりも、「幾重にも解釈できるならば、それらすべてがその体験に含まれている。あるいはすべての体験は無限の解釈に対して開かれている」という見方をしてはどうでしょうか。

　自分に自信がなくなってしまったとき、不安なとき、私たちは心の余裕を失い、物事を複数の視点から見ることができなくなることがあります。そうすると、会社の中で、「上司が悪い」「部下のほうこそ悪い」「制度が諸悪の根源だ」などと一方的な見方に凝り固まって問題がこじれていくことがあります。実は、一つの物事には、両面どころか無限の側面があります。複数の見方で無限の側面を感じ取れるとき、私たちは自由を取り戻します。

　幸いなことに、ヘミシンクを聴いていくとリラックスするのが得意になります。リラックスをして自由な視点や解釈に対して心をオープンにしていけば、人生からも豊かなメッセージを受け取ることができるでしょう。

　ヘミシンクの体験も日常生活も同様に、いくつもの解釈をとれるということを忘れずにいれば、日常生活自体も、あらゆる解釈とメッセージにあふれた体験であるということを実感することでしょう。

Chapter 7　ガイドと歩むヘミシンク・ライフ

　ヘミシンクは、変性意識になって非物質世界を探索し、ガイドと交信するものです。そのためには、何度も聴き込む必要があります。そして、日常生活の中にヘミシンクを溶け込ませて暮らしていくことが一番の早道であり、学びも多いのだと理解しています。上達するためにも、自分を深く理解していくためにも、日常的にヘミシンクを聴くということをしてみてください。
　ここでは、ヘミシンクを日常生活に取り入れる方法などについて説明していきます。

生活の中にヘミシンクを取り入れる

　ヘミシンクのステップを螺旋状に上がっていくためには、日常生活の中にヘミシンクを取り込んでいく必要があるでしょう。これはどのような技術にも言えることで、芸事や武道であれば道場に通うとか自宅でどう練習するかということがそれぞれ考えられています。語学も毎日少しでも勉強したほうが良いと言われます。また、瞑想の入門書を読むと必ずと言っていいほど「定期的に行ないましょう」と書いてあります。
　モンロー氏も「本で読んだり、他人から言われたりしたことを信じることはできます。しかし、あなたを変えることができるのはあなたをおいて他にいません」と語り、自分自身で体験することを強く勧めています。自ら体験できるヘミシンクは、一生に一度アメリカで聴く、というようなものではありません。ヘミシンクＣＤがあればいつでも体験できます。だからこそ、まったく非日常的なツールであると思わずに、日々の生活の中に組み込んでみてください。ヘミシンク体験から得られる豊かな気付きを日々の生活に活かしていただきたいのです。
　では、いつ聴けばいいのでしょうか。落ち着いて静かにエクササイズを実行できる時間帯を確保しましょう。自分にアポを入れてみましょう。タイム・マネジメントです。朝、早起きしてもいいです。仕事が早く終わって、床につく前に少し時間がとれるようならば夜でもかまいませんが、大概夜に聴こ

うとすると、体が眠りに向かうモードになっているためか、すやすやと寝付いてしまいます。モンロー氏の本には、夜眠って、眠りのサイクル（90分）を2回経たところで、体外離脱を行なったという記述が出てきます。皆さんも、自分の生活にあった時間帯を探してみてください。そして、できるだけ定期的に、または一定頻度を維持して聴くようにしてみると良いでしょう。

日常生活で応用してみる
　ヘミシンク習得の目安は、ヘミシンクを聴かなくてもフォーカスレベルをコントロールできるようになることです。自分は初心者だからまだまだだと思わずに、日常生活の中で安全な環境さえ用意できるなら、ヘミシンクなしでフォーカスレベルを思い出して、自由に応用していきましょう。
　ゲートウェイ・エクスペリエンスCDには随所に、一息法（ワン・ブレス・テクニック）が紹介されています。この一息法こそ日常生活での応用法の一つです。ゲートウェイ・エクスペリエンスCDで紹介されているテクニックには次のようなものがあります。
- 一息で、C1に覚醒する方法「1と言いながら、首の後ろを指で触る」「指を動かす」
- 体験を覚えておくためのエンコーディングとデコーディング「覚えるときと、思い出すときに額を指で軽くたたく」
- 一息で、リーボールを作る「中に10と書いた光る輪を吐き出す」
- 一息で、F10に行く「息を吸い、心に10を思い浮かべて吐く」
- 一息で、F12に行く「息を吸い、心に12を思い浮かべて吐く」
- 一息で、創造と具現化を行なう「息を吸い、『プラス創造、プラス具現化』と言って吐き出す」
- 一息で、直感を使う「息を吸い、『プラス知る』と言って吐き出す」
- 一息で、問題解決を行なう「12を思い浮かべ、解決したい問題を思い起こし、吐き出す」

　その他、ヘミシンクで学んだことを日常生活において活用する方法が紹介されています。ぜひともゲートウェイ・エクスペリエンスCDを聴き込んで自分のものにしてください。

メタミュージックを聴きながら勉強や仕事をする

現在ではたくさんのメタミュージックが、モンロー・プロダクツから発売されています。毎年新作が数十タイトル発売されています。

気に入らなければ聴き続ける必要ありません。音楽には好みがありますので、ご自分の趣味にあったものを選んで聴くといいでしょう。タイトルからはどんな楽曲かわかりませんので、視聴できるWebサイトを利用したり、体験セミナーに参加したときに聴かせてもらったりすると良いでしょう。

アクアヴィジョン・アカデミーでは、坂本政道さんおすすめのメタミュージックパックというのも紹介されていて、手始めに何を聴いたらいいかわからない場合、それらから聴き始めてもいいですね。

タイトルに「シャーマン」と付いたものは、民族楽器を使った楽曲が多いです。カタログの解説を見て、民族楽器が使われているとか、電子楽器を使っているとか、ギターの音色がきれいだとか、バロック音楽をアレンジしているとか書いてありますので、それを目安に選んでみても良いでしょう。

余談ですが、どこかに「メタミュージック・カフェ」みたいなのがあれば、楽しいですね。「マスター、次、『ガイア』かけてよ！」とリクエストしたりして。あるいは、メタミュージック専門の有線放送チャンネルとか。ラジオでは危険ですね。運転中の方が聴いてしまう可能性があります。メタミュージックといえども車などの運転中は聴いてはいけません。しっかりとＣ１にグラウンディングして運転しないと非常に危険です。

シンクロニシティに対する気付きと記録

気づきが多くなると、シンクロニシティが多くなってきます。シンクロニシティというのは、心理学者のユングが提唱した概念で、共時性とも訳されています。ユング自身による共時性についての説明と解説は『自然現象と心の構造』（河合隼雄訳　海鳴社刊）に詳しく論じられていますが、なかなか難しい文章です。

要は、「ある原因の結果として表れたとは考えられないが、意味のある偶然の一致が起こる原理」を「共時性」と名付けたということです。ユングの

書には、コガネムシの夢を見たと語る患者と話していたときに、その部屋の窓にコガネムシがぶつかってきたという話が、共時性の一例として出てきます。

　ユングの研究を受けて、この現象を取り扱った『シンクロニシティ』（F・D・ピート著　サンマーク出版刊）では、「意味のある同時生起（コインシデンス）、意味を持つかのように結びあわされた偶然のパターン」と説明しています。

　シンクロニシティに注意し始めると、「どうしてこんなに絶妙なタイミングで起こるのだろう」と思えることが頻繁に起こってきます。たとえば、ビルのエレベーターに乗ろうと思うと、ちょうどそのエレベーターの前についたと同時にドアが開く、ということとか、普通なら無理だろうという状況の中でも、ぎりぎりで電車に間に合うとか、「連絡しよう」と思い浮かべた相手からその瞬間に電話が来るとか、ドアを開けて道に出ると本人と会えた、とか、さまざまなことが起こります。

　先日、あるセミナーに裏方のスタッフとして出席したのですが、その日に限って、余分に飲み物を購入して席に着きました。自分一人で飲むのに、缶コーヒー、ペットボトルのお茶、ペットボトルの水とは、2時間の講演に対して過剰な用意です。二日酔い気味ではありましたが、休憩も入ることだし、そんなに買い込む必要はなかったのです。とりあえず、講演が始まり、しばらく時間が経過しました。

　既に、缶コーヒーは飲みきっていたので、ペットボトルの水を飲もうかと思い、フタをひねった瞬間でした。講演中の先生が、喉をからませて、「どなたか水をいただけませんか？」とおっしゃったのです。別の係が水をお渡しし忘れていたようでした。筆者はさっと、フタをひねったばかりのペットボトルを先生に差し上げました。講演は途切れることなくスムーズに続き、お水を渡した後でも、筆者のほうはもう一本のペットボトルのお茶を飲むことができました。そのとき「こういう瞬間が来ることになっていたから、私は余分に買っていたのか」と3本買い込んでいた理由がわかりました。買うべくして買っていたのでしょう。

　筆者がシンクロニシティに気づきだした当初、その都度驚いては、「こん

なに珍しいことはあるはずがない」あるいは、「珍しい」または、「シンクロニシティだ！　すごい、すごい！」などと反応していました。

　ところがあるとき、ガイドからのメッセージを受けました。「もういい加減、驚いていないで、そういうものだと思い知り、驚くかわりに感謝してはどうか。感謝した上で、さらにそこから自分に何ができるか考えてはどうだ？」というのです。「好運を無邪気に喜ぶ」という段階から、「好運を活かして行動する」という次の段階へ一歩踏み出しなさい、というメッセージでした。

　そこから、シンクロニシティを記録することの重要性が見えてきました。ただ体験するだけでは、そのようなシンクロニシティが起こったことさえいつしか忘れてしまいかねません。そうすると、次にシンクロニシティが起こっても、またまた驚くだけで終わってしまいます。シンクロニシティが起きたと感じたときには、記録に残していくのです。そうすれば、それらの記録が訴えているメッセージを受け止めて前進していくことができる、と思うようになりました。

グラウンディングはとても大事

　ガイドとの交信をするということは、高いレベルの意識に共鳴することでもあります。これを続けていると、セッションが終わってから「気」があがったように感じたり、ぼーっとしてしまったりします。このエネルギーの状態を鎮めて、「気」を落ち着かせるために、セッションが終わったら一回ごとに、必ずグラウンディングをするということを心がけてください。

　グラウンディングには、

1．エネルギー面。高いフォーカスレベルからＣ１に戻ってきたら、エネルギーの状態をＣ１に適応させること。
2．学びの面。高いフォーカスレベルにおける体験を、Ｃ１の生活に統合する。

　という２つの目的があります。

　エネルギーの面では、自分を肉体に取り戻す、肉体を意識する、エネルギーを下におろす、ということをします。その方法には次の各種方法がありま

す。

・木に抱きつく　・土いじりをする　・風呂につかる　・シャワーを浴びる
・水を飲む　・ものを食べる　・体を動かす　・四股を踏む　・ストレッチ体操をする　・からだを上のほうから下のほうに向かって、手のひらでぽんぽんとたたいていく　・ハグをする

　なんらかの表現をしましょう。ガイドとの交信を文章にする、書にあらわす、絵画にする、落書きをしてみる、歌にする、踊る、論文を書く、など、芸術的表現から社会的な表現、肉体表現までさまざまな方法があります。とにかく、このＣ１で行なうあらゆる形式のうち、自分の好きな形式に変換するということをすれば、学びの面でのグラウンディングができます。

この章のまとめ：ヘミシンク体験をＣ１に活かす

　ヘミシンクを聴いて、高いフォーカスレベルでガイドと交信をすることの良さは、それをＣ１に活かすことができるところにもあると思います。ヘミシンクを聴いているときだけの体験に押し込めていては、とてももったいないことです。
　そこで次章では、ヘミシンク体験をC1の生活に活かしていく意味も含んで、体験の記録について説明していきます。

Column：F 12 で速読

　最近、ビジネス書のベストセラーになっている、フォトリーディングという速読技法があります。正式には、フォトリーディング・ホール・マインド・システムというそうです。この方法では、速読するためにいくつかの段階を設けているようです。まず、「準備」をし、１冊を２〜３分で目を通すという「プレビュー」を行ないます。その後、ページを丸ごと写し取るという「フォトリーディング」を行ないます。
　フォトリーディングでは、次の通りの手順で行ないます。
１．準備する（目的を明確にする）。

2．高速学習モードに入る。
3．アファメーションを行なう。
「集中していること」「取り込んだ情報が保存されること」「欲しい情報が得られること」という目的を宣言します。
4．フォトフォーカス状態に入る。
一語一語の文字にとらわれずページ全体を視野に収める特殊な見方をします。
5．ページをめくる間、安定した状態を保つ。
6．達成感とともにプロセスを終了する。

　準備のプロセスの中で、「ミカン集中法」というのが出てきます。後頭部の上にミカンがあることを想像する、という方法です。まさに、メンタルツールです。意識を後頭部の上方に固定すると、集中力が増し、視野が広がるのだそうです。意識の重点を目の前ではなく、頭の後ろに置く。これは意識状態を変えるためのテクニックではないかと思います。「ミカン集中法」を行なうと、意識はどのフォーカスレベルに移行しているのでしょうか。興味深いですね。

　また、フォトリーディングの前には「高速学習モード」に入るのだそうです。そのために、深呼吸をしながら「3、2、1」とカウントダウンし、全身をリラックスさせます。これは、フォーカス10に匹敵する意識状態かもしれません。

　フォトリーディングの高速学習モードが、モンロー研究所でいうところの、どのフォーカスレベルなのかはわかりませんが、ヘミシンクを学ぶ私たちは、さまざまなフォーカスレベルで本を読んでみてはどうでしょうか。速読できるかもしれませんし、普通の読書よりも深く、文書の奥のメッセージを受け取ることができるかもしれません。同じ本を読んでも、F10とF12、あるいは他のフォーカスレベルで読むのとでは違いがあるでしょうか。ぜひ、試してみてください。

Chapter 8　ヘミシンク体験を記録する

　セミナーでは、どんな些細なことも記録しましょうと、必ず言われます。その記録自体が散逸したり、あとから見返せなかったりするのは大変もったいないことです。ヘミシンクの体験は、専用のノートを用意して記録していきましょう。体験の記録は自分のために行なうものですが、体験を他の人とシェアする（分かち合う）のもいいですね。ブログにしてネットで公開したり、著書にして公開したりすることも良いでしょう。そういう方も増えています。ここではガイドとの交信を深めていくための記録の仕方について説明していきます。

記録をつける３つのメリット
1. 体験の蓄積ができる
　記録をつける最大のメリットは、淡い体験である変性意識体験を文字やスケッチなど物質的な形で保存することができるために、後から読み返したり、その意味を考えたりすることができることです。
2. 変化や成長を知ることができる。
　ヘミシンクを聴き続けていくと、気付きが増えていきます。それは、ヘミシンクのエクササイズ中のみならず、日常生活においても起こっていきます。その変化を記録していくことで、自分自身の変化や成長を知ることができます。
3. 非物質世界での体験を日常生活（Ｃ１ライフ）に統合できる
　ヨガもやった、気功も学んだ、瞑想もやっている、というふうに精神世界やスピリチュアルの学びをたくさん知っている人がいます。それはそれで素晴らしいことです。できれば、それらの学びを人生に活かしていきたいものです。
　ヘミシンクも同じです。ヘミシンクを使って変性意識体験をし、高次の知的存在にアクセスし、ガイドと交信して得られた貴重な情報や体験は、変性意識状態での情報や体験にとどめておくのは非常にもったいないことです。

是非とも、このＣ１ライフ、日常生活に活かしたいものです。そのためには、ヘミシンク体験を表現することが有用です。歌にしたり、詩に書いたり、小説にしたり、踊りで表現したりするのが良いと言われています。芸術的な形式をとらなくても、ただ言葉にして記録するだけでも、その用を足すことができます。非物質の体験を、物質世界に定着させる行為としても記録することはとても有効です。

記録を取るノートについて

　では、どのようなノートに記録しましょうか。市販されているノートで使いやすいものであればどんなノートでもかまいません。

　筆者は、B5サイズで背幅の厚いノート（ページが100枚綴り）をおすすめします。

　その理由の一つは、背幅が厚いので、タイトルを背に書くことができることです。ヘミシンク体験は、一生に一度や二度という体験をすることではありません。人生を通じて、継続的に体験していくことになるでしょう。そして一回一回のセッションでは、淡い情報をすこし得られるだけのこともあります。それらを逐一記録していけば、自分の意識の探索記録がノートのページを埋めていきます。これはもう宝物ですね。

　薄いノートが何冊あるというのでもかまいませんが、どのノートがいつの記録なのかパッと見てわかると便利です。そのためには、時期やタイトルが書けるスペースが背表紙にあると便利なのです。ある程度の背幅が確保された100枚綴りとか80枚綴りのノートをお薦めするのはそういう訳なのです。

　ただし、いわゆる大学ノート（背がのり付けされている、あるいは糸綴じのノート）は、丁寧に扱っていると、開き癖がつきにくく、開いていたページが戻ってしまい、使いにくいという方もいます。その場合は、リング・ノート（背の部分が、針金でぐるぐると巻いて綴じられているノート）がお勧めです。どのページを開いても1ページ分開いて片側を表にして戻ることがないので便利です。筆者の場合は、大学ノートであっても開き癖をつけて、ページが閉じてしまわないようにして使っていますので、問題ありません。自分が一番使いやすいノートを探してみてください。それをガイドに尋ねてみて

もいいですね。

また、ルーズリーフを用意しておいて、記録してはファイルに綴じていくというのもいいですね。

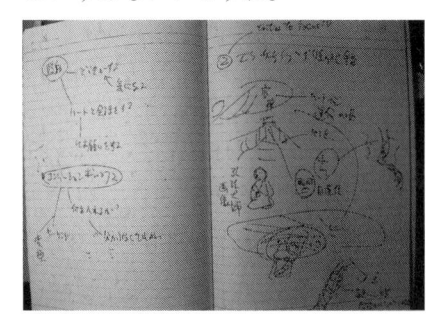

厚いノートは背表紙にタイトルが書ける

夢も記録する

夢日記をつけている方がいると思います。ヘミシンクを日常的に聴くようになると、朝目を覚ましたときに、睡眠中に見た夢を覚えていることも多くなってきます。その夢の中に、重要なメッセージが含まれていることも希ではありません。モンロー氏自身、研究を進める中で睡眠中の意識状態についてある結論に達していました。次のように書いています。

> 全ての人間が睡眠中に体脱状態に入る。眠りの状態へと進み、眠りに陥るというプロセスは、単純に言って、物理的な時空間と異なる位相へ移行することだ。(『魂の体外旅行』P.97)

また、『魂の体外旅行』の別の箇所(P.120)では、「睡眠中の数限りない人間が睡眠のある部分で体脱の段階にある時に出席するクラス」という表現が出てきます。人は眠っている間に、ナイト・スクール(夜の学校)に通っているというのです。(ナイト・スクールはフォーカス21にある、という意見もあります)

そうであれば、夢にもそのナイト・スクールでの記憶が反映されているか

もしれません。これをそのまま忘れてしまうのはとてももったいないことです。ヘミシンクの体験記録をノートにつけるのと同様に、夢についても同じノートに記録していくとさまざまな発見があると思います。そのほか、世界的な発見をした人が、夢の中でヒントを得たという例はたくさんあります。夢の体験も無駄にせず記録していってください。

　筆者にも次のような体験がありました。

Episode　夢の中でガイドが教えてくれたメッセージ

　2007年12月27日のノートに記録していた夢の話です。夢の中で、息子とその友人がビルの屋上で喧嘩をしていました。どちらかが屋上から突き落とされそうで、とても危険で見ていられません。筆者は思わず「やめろー！」と怒鳴っていました。

　そこへ、有名なサッカー選手Nさんの姿をした男性が現れ、筆者に忠告をしました。「友達が自分の息子を殺そうとしているなどと思ってはいけない。そのように見れば、そのような現実を引き起こしてしまうだろう。（愛と恐怖は共存できないのだから）真実の愛を見るのであれば、恐怖を見ずに愛を見るべきなのだ。だから、いじめている子を「いじめている子である」とは見ない、というふうでなければならない」と言うのです。その直後、その選手は誰かに呼ばれて建物の中に入っていきました。筆者は夢の中で、有名なN選手と知り合いになれたうれしさを感じていました。

　このときに受け取ったメッセージはとても貴重なモノだと思い、ノートに記録しておきました。モーエンさんの本の中にも出てくる概念です。また、サッカー選手Nさんが出てきますが、Nさんとは知り合いでも何でもありません。果たして、Nさんと筆者が夢の中でコンタクトしたということでしょうか。

　これは、筆者が夢の中でメッセージを受け取った瞬間、送り手であるガイドの姿を認識する際に筆者の解釈装置が、サッカー選手のNさんがふさわしいと認識し「Nさんである」と把握したのだと思います。万が一、Nさんが同じ夢を見ていたなんてことがあったら、別の解釈がなりたちますが、その可能性は期待しておりません。

記録がたまったらＣ１で考えてみる

　記録がたまってきたら、ノートを読み返してみてください。何か思いも寄らなかったことを発見するかもしれません。

　ヘミシンクを聴かずにＣ１で考えてみるのも一つの方法です。ノートを広げて、別の紙を用意して、手を動かしながら考えてみる。図を描きながら考えてみる。パソコンに文字を打ち込みながら考えてみる。声に出して独り言を口にしながら考えてみる。ヘミシンクに理解のある、気のあった友人とその問題について語り合う。ノートに書いてあることに関連のありそうな本を読んでみるとか、映画を観てみるとか、他の情報と比較したり連結してみたりするのもＣ１で考えることになります。

　モンロー研究所のプログラムの中で、参加者が「セッション中に幾何学模様を見たが意味がわかりません」という報告をしたことがありました。そのときのファシリテーターだったフランシーン・キングさんは、「世界各地にあるシンボルや記号について書かれた本を見てみると何かヒントがつかめるかもしれない」というアドバイスをしていました。

　セッションで見たり聴いたり体験したモノやコトが、ユングの言う元型のように人類の文化の基層に横たわる情報に関連する場合もあります。そういう情報の場合、古代文化などの本が役に立つこともあるのです。

記録をもとにヘミシンクを聴きながらガイドに聞いてみる

　部屋でメタミュージックを流しながら、ノートやパソコンに向かって思いつくことを書き出してみる、ということも良いでしょう。また、ヘッドフォンをはめて、好きなフォーカスレベルのフリーフローＣＤを聴きながら、記録を読んでもっと知りたくなったことをガイドに質問してみるのも良いです。

　プロセス指向心理学のアーノルド・ミンデルさんのセミナーに参加したことがありますが、インナーワークというセッションがありました。目を半眼にし、リラックスして微細な感覚に注意を払っていきます。しばらくして、視界の中で気になるもの（フラート。ちらっとはためくものという意味だそ

うです）があったらそれを一つ選びます。次に、なぜそれが気になったのか、さらには、プロセス・マインド（プロセス指向心理学では無意識やシャドウ、元型などを合わせてプロセス・マインドと呼んでいるようです）は、どうしてそれをそのとき自分の気にとめさせたのかを瞑想してみるというワークでした。

　シャーマニズムと量子物理学の考察に基づいて、プロセス指向心理学では、世界と自分のプロセス・マインドとの間には密接な関連があり、相互にからみあっている（entanglement）と考えるそうです。ふと気になったことに焦点をあてて、自分の深層心理と対話をしていくもののようでした。

　これと同じように、ヘミシンクで体験したことをより一層深めたいのなら、その体験自体を対象として、ガイドに尋ねてみたり、ヘミシンクを聴きながら大宇宙にその意味を問いかけてみたりする、ということはとても有効です。やってみると、セッション中に理解が深まることはもとより、日常生活の中で、パッと何かを思い出したり、関連する本に出会ったりすることがあります。

この章のまとめ：体験の記録は財産です

　ヘミシンクでの体験を記録し、記録を見返して考え、ガイドに尋ねる、ということをしたら、それをまた記録してください。体験が深まっていきます。いずれにせよ解釈は必要です。内的な体験だからこそ、単純にそのままわかるということは少ないと思っておいたほうがいいでしょう。物質的世界を客観的に認識するのとはわけが違うのです。

　そのようにして蓄積された体験の記録は、まさに財産です。

Column：monojs（筆者のノートの名称）

　筆者は、ヘミシンクを聴き始める前にジュリア・キャメロンの『大人のための才能開花術』（邦訳はいくつかありますが、著者はヴィレッジブックス刊のものを読みました）という本と出会い、毎朝ノートをつける習慣ができていました。その本は、毎朝3ページのノート（ジュリア・キャメロンはこれをモーニング・ページと名付けています）を記入することで人生を好転さ

せる12週間のプログラムを紙上に再現したものでした。本には毎週課題がありましたが、その課題通りにやろうとし始めて、そのうち、その課題とは関係なく毎朝ノートをつける習慣ができました。

　ジュリア・キャメロンはこう書いています。

　　＜モーニング・ページ＞を長期にわたって続けていけば、ごく自然に、予想もしなかった＜内なるパワー＞と接触できるようになる。わたしが気づいたのは実践して何年もたってからだったが、＜モーニング・ページ＞は強靱で明快な自意識に至る行路なのだ。その行路をたどって自分の内面へ入っていくと、そこでは、自分の創造力との出会い、＜創造の神さま＞との出会いが待っている。（前掲書　P.46）

　確かに、これは自分を見つめ直す方法として有効です。いわば書く瞑想（Writing Meditation）のようなものです。

　ガイドとの交信は、ヘミシンクを聴いているときだけに起こるものではなく、24時間の生活において、ちょっとした変化や気付きという形で体験されるでしょう。そのときに、ヘミシンク体験と他の体験とを分断せずに、ヘミシンクの体験とその他の記録というものを結びつけた自分だけのノートを用意してはいかがでしょうか。

　最初、筆者はモーニング・ページ用のノートとヘミシンクの記録をつけるジャーナルとの２種類のノートを用意していました。ヘミシンクを聴き始めると、モーニング・ページには、毎朝起きたときに覚えている夢を記録することが増えてきました。その内容は、ヘミシンクでの体験と絡み合っていると感じられることが多くなってきました。また、夜にノートをつけることもあり、次第に、モーニング・ページと呼ぶにはふさわしくない、と思い始めました。また、ヘミシンク用のノートも、ヘミシンクだけではないということから、自分の体系的なノートとしての名前をつけようと思いました。

　そこで、よりオープンで、障害を感じることなく書き付けられるジャーナルの体系という意味で、monojs（モノジェイズ、More-Open-No-Obstacle Journal System）という言葉を造語し、命名しました。

今では、パソコンのテキスト・エディタで毎朝、monojs を書き付け、半年か一年くらいたったらプリントアウトしてファイリングするとともに、背幅の広い 100 枚綴りのノートとを併用しています。それらすべてを含めて monojs としています。

　パソコンは、データの保存と検索性に優れています。ノートは、図でも文字でも似顔絵でも直感的に素早く記録することができ、安価で携帯性に優れています。双方のメリットを活かして使い分け、総合的に記録をしていくのが良いと思います。是非、ご自分のスタイルにあった記録方法を見つけてください。

Chapter 9　トータル・セルフ＝わたし自身

　さて、これまでガイドとの交信の仕方やコツ、筆者の交信の事例などを述べて参りましたが、いよいよ最終章になりました。ここでは、今後ガイドと交信をしていく上で確認しておきたいことを説明していきます。交信における気持ちの持ち方のようなものです。

最終的には自分が判断する
　これまでにも何度も繰り返し強調して参りましたが、ガイドとの交信は、（自分とは切り離された）「ガイドなるもの」に精神的に依存することではありません。
　内面の知覚の拡大によって得られた情報には、さまざまなものが含まれます。たとえば、おいしそうなケーキが出てきたとしましょう。そのケーキを見て、「これはガイドのヒーリングエネルギーだ」と受け取るのと、「こんなケーキを食べたら、糖分を摂りすぎてしまいそう。ケーキや甘いものには注意しろという意味で出てきたのだな」と受け取るのとでは大きな違いです。どのように受け取るのかは、あなた自身の判断です。同じものを体験しても、そこから何を引き出すかは、あなたの直感と理性次第です。どちらであったとしても「最終的には自分の判断に基づくものだ」という基本を忘れないようにしてください。そうすれば、どのような情報を受け取ろうと安心です。

何ものかに自己を明け渡さない
　ヘミシンクは、体外離脱とか変性意識だとか非物質世界だとか言いますが、忘我の境地で自己を明け渡すというものではないのです。むしろ、より大いなる自己に気付き、自分自身を探り当てていくことにほかなりません。その大いなる自己が自己であり、その自己を大事にしていくことです。自己ではない何か、自分でも納得できない何かに身を預けることではありません。
　「過信・妄信・卑下しない」と何度も書いていますが、妄信するというのは、

自分の判断を脇に置いてしまうことです。自ら考えることを放棄してしまうことです。「自分の体験は自分がよく分かっているのだから考えなくてもいいのだ」と思う方もいらっしゃるかもしれません。しかし、自分の体験だからこそ、しっかりと自分で受け止め、主体的に捉えることが必要です。

世の中には、さまざまな方法があり、いろいろな能力を持った方がいらっしゃいます。「他人の過去世を見る」「他人のガイドと交信してメッセージを当人に伝える」「他人の将来を予言する」「他人の現在の苦しみの由来を伝える」等々。そういう能力者からアドバイスをいただくことがあるかもしれません。

これも、ヘミシンク体験と同じで、過信・妄信・卑下しないというスタンスで考えてみてはどうでしょう。アドバイスを下さった方に感謝するのは大いに結構ですが、最終的にどう考え、どう行動するかはあなた次第です。行動する主役は、あくまでもあなたです。

ヘミシンクの体験を重ねて、自信を持ち、主体的に物事を受け止め、考えていけるのだということを忘れないでください。過去世も、ガイドからのメッセージも、自分の将来も、苦しみの原因も、わざわざ他人に教えてもらわなくとも、ヘミシンクというツールを使ってご自分で探索することができるのです。自分を明け渡さないでもいいのです。

世界を味わい学ぶ

ヘミシンクを聴き続けて、ガイドと交信しながら自分自身を深めていくと、自分を取り巻く世界の見え方も変わってくるかもしれません。自分の知らなかった側面を知り、理解を深めることと、世界の未知の側面を知り、理解を深めていくことが似ている、または、同じことのように感じられることもあると思います。スターラインズなどのプログラムに参加すると、地球や宇宙にまで関心を広げ、広さと深さとを関連づけていきます。自分自身と世界を味わい、大いに学んでください。

ガイドからのメッセージは日常生活にある

日頃からヘミシンクを聴いて、フォーカスレベルのコントロールになれて

くると、日常生活においても、フォーカスレベルのコントロールを自然に行なっているという状態が生まれます。そうすると、以前には気づかなかったことに気づくようになったり、他人の感情の機微に気づいたり、予測できたりするようになります。

それまではメッセージを得たり、ガイドと交信をしたりするのは、ヘミシンクを聴いている時だけかと思っていたのに、日常生活そのものがガイドとの交信空間であるかのように見え始めることもあります。その気づきは正しいと思います。

あらゆる本はメッセージたり得る

先人が書き残した古典のみならず、あらゆる本や情報が、ガイドからのメッセージとして目の前に現れうると考えられます。最終的な判断は自分にあるのです。ガイドと交信し、自分にふさわしい情報を呼び寄せるならば、変性意識中に得られた情報のみならず、本や雑誌の言葉、テレビ番組やラジオから聞こえてくる言葉、歌のフレーズなど、あらゆるものがガイドからのメッセージを運ぶメディアとしての資格を有しています。

変性意識の中で得られる情報は淡いものが多いですが、文字や言葉として物質化した情報として現れた場合、これを尊重し、自分を向上させるために役立てない手はありません。どんどん活用しましょう。

もちろん、あなたが「違うなあ」と思った本は、手に取りもしないでしょうし、その存在にすら気づかないはずです。だからこそ、どんな本でもガイドからのメッセージなのではなく、自分の気持ちにピンと来た本はすべて何らかのガイドからのメッセージだと思って間違いないでしょう。

自分の直感を信じる

体験の一番基礎に置くべきは、自分への信頼です。そこから始まります。自分の直感を信じることでもあります。直感を信じ、自分の興味の方向性を信じてください。興味関心のあること、わくわくできるかどうかが自分のセンサーでありアンテナです。直感能力を高めるエクササイズについては、Chapter 5で紹介しました。

自分のセンサーがうまく働かず、本当の自分の欲求が見えなくなってしまったとき、ガイドからの支援も受けられないかもしれません。自分の奥底の感覚を信頼することから始めてください。ガイドとつながる自分が何をしたいのか、何にわくわくするのかということも、ヘミシンクを通じて探索してください。そうやって生きていけば、きっと豊かな人生を送れることと思います。

セルフチェック
　ガイドが大いなる自己であるならば、ガイドとの交信は、大いなる自己とのコミュニケーションです。また、フロイトは意識できない領域を無意識と呼びましたが、大いなる自己には無意識も含まれます。大いなる自己との対話は、無意識との対話であり、見えない部分を含む自分をチェックすることでもあります。無意識にとどまらず、トータル・セルフをチェックすることでもあります。トータル・セルフは、I/There も I/There クラスターも含むと考えると、C1 ではなかなか把握することのできない、宇宙規模にも膨らんだ自分というものをチェックするということでもあります。そこで得られるフィードバックは、人生をさらに豊かなものにするでしょう。

すべてはあなた次第。やりたいようにやれ
　尊敬する経営コンサルタントの大前研一さんが『やりたいことは全部やれ！』（講談社刊）という本を著していらっしゃいます。数々の経営者を知っている大前さんは、人生なんのためにあるのかと考え、「死を迎えたときに、『やりたいことをすべてやりつくした』と満足して死にたい」と考えたそうです。生は死を見つめたときに初めて貴重なものとして立ちあらわれる、という良い例です。
　筆者が、何度かガイドに言われたのは、「おまえは、自分のやりたいやり方でないと満足しないのだろう？　自分が納得のいかないやり方をしても満足しないのだろう？　だったらやりたいようにやれ」というメッセージでした。確かにそのとおりで、「何を」というだけではなく、「いかに」というところにも自分の満足のいくやり方があるのだと今では理解しています。そし

て、やりたいようにやろうと自信を持つようになりました。

　自由と自律というテーマだととらえるならば、人類に普遍的なテーマですね。死後世界を探索できるヘミシンクで、死を思い、あらためて今できること、今何がしたいのかを見つめ直したいものです。そして、最終的な責任を自分がとるからこそ、やりたいことをやればいいのだと思います。自分を制限するのも自由。制限しないのも自由。善に向かうか、悪に向かうか。ポジティブに考えるか、ネガティブに考えるか。すべては私たち個人にゆだねられているのです。

自己の可能性の探究です

　ヘミシンクとは、人間の未知なる能力の可能性を探求するツールでもあります。それは、つまり、自分の人生における可能性を探ることと密接につながっています。

　テレビでもおなじみのジョー・マクモニグルさんは、日本ではＮＴＶ系列の『ＦＢＩ超能力捜査官』という番組で、リモート・ビューイング（遠隔視）の能力を使って、行方不明者の捜査協力をすることで有名ですね。彼が、ＦＢＩに所属していなかったというのは今では常識になっているかもしれませんが、あれは、テレビ局がそのような触れ込みで紹介しているだけで、本人はＦＢＩの捜査官だとは一言も言っていないそうです。それよりも、東西冷戦時代にアメリカ陸軍が超能力の軍事利用を真剣に模索していた時期があり、その極秘計画は「スターゲート計画」と名付けられていました。この計画の中で、ジョーは遠隔地の様子を超能力によって把握する特殊任務に従事していた、というのが真相です。遠隔視部隊の隊員第一号だったのです。

　彼の遠隔視能力を開花させたのが、実は、モンロー研究所のヘミシンクでした。マクモニグルさんの能力を開発するために、フォーカス10に導く特製のテープが作られ、マクモニグルさんは１年ほど毎日のように聴き続けたそうです。テープはリモート・ビューイングをするための準備状態を作る時間を大幅に短縮させることができた、といいます。そして、コツがつかめると、もうテープは不要になったとのことでした。

　ゲートウェイ・ヴォエッジで、彼がゲストスピーカーとなって講演をして

くれました。そのときに、なぜ、彼が遠隔視をテレビなどの公開の場で行なったり、投資のために行なったりするのかを尋ねた参加者がいました。彼の回答はこうでした。

「人々の信念を変えるためにやっている。人には秘められた可能性とパワーがある。自分が遠隔視を行なうことで、人類の可能性を人々に示し、ポジティブで建設的な影響が与えられるからだ」

ジョーのかつての上官であり、現在モンロー研究所の所長（President）であるフレッド・ホルムズ・アトウォーター（F. Holmes Atwater、通称"スキップ"・アトウォーター）氏もゲートウェイ・ヴォエッジの中で講演を行なってくれましたが、「リモート・ビューイングを学ぶのは、自分自身がより大きな存在になるためだ」とおっしゃっていました。

これらの言葉は、私たちがヘミシンクを使ってガイドと交信するという技術を学び、実践していくことの意味を示唆しているように思います。

一人一人違って当たり前

坂本政道さんはサインをするときに、「努力は必ず報われる」という言葉を添えることがよくあるそうです。ヘミシンクも、聴き続け、自分の探求を進めていくために、楽しむ要素と努力する要素とがあります。努力と言ってしまうと、まるで何か進歩の尺度や到達目標のようなものがあって、他人と比べて「自分はまだまだだ」とか、「あの人のような体験をしたことがないのでうらやましい」とか、さまざま感じることもあると思いますが、体験や体験する道のりは一人一人違っていて当たり前だと考えるといいと思います。そして、他人と比べるよりも、「昨日の自分と比べる」、「始めたばかりの頃の自分と比べる」というのが好ましいようです。

ガイドは、必ずあなたをふさわしい方向へ導いてくれます。その方向は、おそらく一人一人まったく違うと思います。他人と比較するよりも、昨日の自分と比較すると気持ちが楽になります。能の大成者である世阿弥が「初心忘るべからず」と言ったように、聴き方もわからずにヘミシンクを始めた初心の頃どうだったのかの記録を残しておいて、忘れないようにしましょう。行き詰まったときなど、昔のノートを見返してみると発見があるかもしれま

せん。聴いたら聴いただけ体験が蓄積されていきます。

　その道のりは一人一人異なっています。だからヘミシンクの体験を比べて優劣の判断などしないようにしましょう。他人との比較は、自分の体験を軽視することにつながりますし、自分への信頼を損ねていくことになります。

ヘミシンク体験にゴールなし

　この本の中で、ヘミシンクを聴く当面の目標は、ヘミシンクなしでフォーカスレベルをコントロールできるようになることだと書きました。それは、あくまで当面の目標でしかありません。ヘミシンクを活用して何をしたいのか。どんな人生を歩みたいのか。もっと大きな課題は、ご自身の探求が続く限り、終りはありません。人生が続くように体験も続いていきます。ヘミシンク体験とは人生そのものだと言ってもいいでしょう。

人生とヘミシンク体験とは表裏の関係

　起きている自分と眠っている自分。どちらも自分です。同様に、Ｃ１の自分もヘミシンクを聴いている自分も自分です。実際の人生の裏側に、ヘミシンクを使った変性意識体験があるとするならば、変性意識体験の裏側には、実際の人生の体験があるのです。両者は表裏一体です。

　モンロー氏自身も、こちらの世界とあちらの世界は一体であり、分け隔てることができないと知るようになり、「体外」離脱という概念自体が、モンロー氏の体験と実験から把握された世界観と矛盾していると考えるようになっていきました。自分が、自分よりも大きな存在の一部であると自覚するようになったとき、自分の外に出たつもりが、それもまた大きな自分の中にとどまっている、ということに突き当たったのです。ちょうど、孫悟空が遠くまで逃げたつもりがお釈迦様の手のひらの上にいたままだったという話と似たところがあります。

　また、フォーカス21には、橋があります、ブリッジカフェもありますと言われています。フォーカス27には公園のようなところがあり、癒しと再生のセンターや教育センター、人生の計画を立てる計画センターなどがある、と言います。

「高いフォーカスレベルにはいろいろな建物があって、この世と似ているんですね」でも、考えてみてください。

　C1はどうでしょうか。図書館があり、病院があり、フィットネスクラブもある。もちろん世界には、医療もままならない地域もありますが、あなたの身の回りに、さまざまなものがそろっているとしたら、本当はC1こそが、高いフォーカスレベルと似ているのかもしれません。

　非物質の世界では、「想像は創造」であり、思ったことが現実になる、と言います。すごいですね。でも考えてみてください。C1においても想像が現実になっていないでしょうか。構想されない建物は建ちません。飛行機を考えた人がいなければ飛行機は存在しないでしょう。レストランで注文すれば、ステーキが焼かれて出てきます。歩けば歩いた分だけ進みます。

　C1も非物質界と同じかもしれませんね。想像は創造かもしれませんよ。

　そう考えてみたときに、ガイドの存在は、非物質世界のみにいるのでしょうか。C1の日常世界を見渡してみましょう。ガイドがいませんか。あるいはガイドの機能を果たしてくれている方がいませんか。ひょっとしたら、あなた自身が、誰かのことを手助けしたり、協力してあげたりしていませんか。

　ガイドとの交信を続けて、非物質界の探索を続けていってください。そうすると、次々に視界が開けていくでしょう。

Trust yourself！

　最後に、なんと言っても Trust yourself です。あなた自身を信頼してください。その「あなた自身とはトータル・セルフとあなた自身の両方だ」「あなたを含むより大きなあなたの全体だ（トータル・セルフ）」という可能性に心を開くことです。トータル・セルフもあなたとともに体験を重ねているのかもしれません。

　さあ、体験するのはあなたです。筆者からは、More-Open, No-Obstacle（より開放的で、どんな障害もない）という言葉を贈ります。

　さて、ヘッドフォンの準備はいいですか？　ノートは用意してありますか。それでは横になり、リラックスしてCDを聴いてみましょう！

Have Fun！

監修者／著者プロフィール

坂本政道　さかもとまさみち
モンロー研究所公認レジデンシャル・ファシリテーター
(株)アクアヴィジョン・アカデミー代表取締役

1954年生まれ。東京大学理学部物理学科卒、カナダトロント大学電子工学科修士課程修了。
1977年～87年、ソニー(株)にて半導体素子の開発に従事。
1987年～2000年、米国カリフォルニア州にある光通信用半導体素子メーカーSDL社にて半導体レーザーの開発に従事。2000年、変性意識状態の研究に専心するために退社。
2005年2月(有)アクアヴィジョン・アカデミーを設立。
著書に「体外離脱体験」(たま出版)、「死後体験シリーズ１～４」、「絵で見る死後体験」「2012年目覚めよ地球人」「分裂する未来」「アセンションの鍵」(以上ハート出版)、「超意識 あなたの願いを叶える力」(ダイヤモンド社)、「人は、はるか銀河を越えて」(講談社インターナショナル)、「体外離脱と死後体験の謎」(学研)、「楽園実現か天変地異か」「屋久島でヘミシンク」(アメーバブックス新社)、「５次元世界の衝撃」(徳間書店)、「バシャール×坂本政道」(VOICE)などがある。
最新情報については、
著者のウェブサイト「体外離脱の世界」(http://www.geocities.jp/taidatu/) と
アクアヴィジョン・アカデミーのウェブサイト (http://www.aqu-aca.com) に常時アップ

藤由達藏　ふぢよし　たつぞう
アクアヴィジョン・アカデミー公認ヘミシンク・トレーナー
モンロー研究所公認アウトリーチ・ファシリテーター
ヘミシンク・セミナー・ルーム gonmatus 主催

1967年、東京生まれ。
早稲田大学第一文学部卒業後、メーカーにてルート営業、本部企画スタッフなどを経験。現在は、企業内労働組合にて、社員間の結びつきを再構築するための企画・運営等に携わっている。
2006年にヘミシンクを体験。アクアヴィジョン・アカデミーおよびモンロー研究所の各種プログラムに参加し、ヘミシンク体験を深める。ヘミシンクの正しい聴き方を普及する、というアクアヴィジョン・アカデミーの趣旨に共鳴し、2007年5月にアクアヴィジョン・アカデミー公認ヘミシンク・トレーナーとなる。
現在、「明るく、楽しく、ヘミシンク」をモットーに、土日・祝日を利用してヘミシンク・セミナーのトレーナーを務め、参加者の意識世界の探求をお手伝いさせていただいている。
著者のウェブサイト　http://gonmatus.hp.infoseek.co.jp/hemisync.htm

＊＊＊ 驚異のヘミシンク実践シリーズ ＊＊＊

シリーズ① 「ヘミシンク入門」（既刊）
概要／未知領域への扉を開く夢の技術ヘミシンクの基礎と実践
- 1章　ロバート・モンローとは
- 2章　ヘミシンクとは何でしょうか
- 3章　ヘミシンクの正しい聴き方
- 4章　メンタル・ツール（効果絶大な想像上の道具）1
- 5章　フォーカス・レベルとは
- 6章　フォーカス10（肉体は眠り意識は目覚める）
- 7章　メンタル・ツール（効果絶大な想像上の道具）2
- 8章　フォーカス12（空間からの自由）
- 9章　メンタル・ツール（効果絶大な想像上の道具）3
- 10章　ヘミシンクと体外離脱
- 11章　フォーカス15（時間からの自由）
- 12章　フォーカス21（あの世とこの世の架け橋）
- 13章　ヘミシンク効果を最大限に引き出すために
- 14章　市販ヘミシンクCD
- 15章　Q＆A

シリーズ③ 「過去世体験マニュアル」（タイトル、内容ともに予定）
概要／過去世を体験することを可能とするステップ・バイ・ステップのマニュアル
- 1章　過去世とは？
- 2章　過去世を知ると、人生どう変わるの？ 癒し効果？ トラウマ解消？
- 3章　どうすれば過去世を体験できるの？
- 4章　ヘミシンクを使った瞑想
- 5章　フォーカス15でガイドにお願いする　体験例
- 6章　付属CDを使った瞑想　体験例

シリーズ④ 「念力／ヒーリング・マニュアル」（タイトル、内容ともに予定）
概要／ヒーリングについて学ぶためのステップ・バイ・ステップのマニュアル
- 1章　ヒーリングとは？
- 2章　ヒーリングのしくみ
- 3章　イメージングによるヒーリング
- 4章　ヘミシンクを使ったヒーリング　生体マップ　EBT
- 5章　私のヒーリング体験

驚異のヘミシンク実践シリーズ・2
ガイドとの交信マニュアル
平成22年3月19日　第1刷発行

監修者　坂本政道
著者　　藤由達藏
発行者　日高裕明

©2010 Sakamoto Masamichi　Fujiyoshi Tatsuzo　Printed in Japan

発行　ハート出版

〒171-0014　東京都豊島区池袋3－9－23
TEL03-3590-6077　FAX03-3590-6078
ハート出版ホームページ　http://www.810.co.jp

乱丁、落丁はお取り替えします。その他お気づきの点がございましたらお知らせ下さい。
ISBN978-4-89295-670-6　編集担当／藤川　印刷／中央精版

驚異のヘミシンク実践シリーズ1
ヘミシンク入門

誰でも好奇心さえあれば、時間と空間を超えた異次元世界を安全に探索できる

ヘミシンクとは何か？
どのように体験できるのか？
体験者の感想は？
ヘミシンクがすっきりわかる一冊

本体価格：1300円

未知領域への扉を開く夢の技術

坂本政道　植田睦子　共著

ヘミシンク家庭学習シリーズ

※直販、通販および一部書店（特約店）のみの販売商品です。

Ⅱ〜Ⅵは本体2000円

Ⅰのみ本体2500円

ヘミシンク家庭用学習プログラム『ゲートウェイ・エクスペリエンス』完全準拠！

ヘミシンク・セミナーのノウハウをもとに編集されており、実際にセミナーを受講していただくのと同じようなスタイルで学習を積み重ねていくことができるファン待望のガイドブック（Wave Ⅰ〜Ⅲ既刊、以下Ⅵまで続刊予定）。

※このガイドブックの内容は、アクアヴィジョン・アカデミーのセミナーで教えているものです。モンロー研究所で発行する公式出版物ではありません。

絵で見る死後体験

本体1500円

「死後体験」の世界を本人直筆イラストによって再現。文章では伝わりにくいことも、イラストならばまさに一目瞭然！　これが著者が見た世界だ！

坂本政道／著